KB014507

책짓는 사람들

부산 출판 이야기

지역출판워크숍 B-LAB 지음

들어가며

이 책은 문화체육관광부, 부산광역시, 부산정보산업진흥원이 지원한 부산 콘텐츠코리아 랩 <지역출판워크숍 B-Lab> 프로그램을 통해 만들어졌다. 부산에서 1인 출판, 독립출판에 관심 있는 사람들 또는 책을 만드는 일을 하고 싶은 사람들이 협업했다.

독서 인구가 줄어들고 출판업이 사양산업 되었다는 말이 오래전부터 들려왔지만 얼마 전부터 '1인 1책 출판'이라는 표현까지 등장하면서 출판계에 새로운 흐름이 생겨났다. 자신이 경험하고 느낀 것을 책으로 엮고 싶어 하는 사람이 늘어난 것이다. 출판사를 설립하지 않더라도 기존 판형과 디자인의 틀에서 벗어나 자유롭게 만들어 내는 독립출판이 꾸준히 발행되고 있고, 작은 서점이나 교육기관에서 진행하는 '나만의 책 만들기'라는 프로그램에 많은 사람이 참여하고 있다.

그러한 사람들이 모여 '지역출판'이라는 화두를 가지고 인터뷰를 진행했다. 출판사, 유통단지 등이 서울과 파주를 비롯한 수도권에 집중된 상황에서 지역출판이 어떤 의미를 가지는지 지역의 출판사, 잡지 발행인, 서점, 인쇄소, 독자 모임 등 출판생태계에 있는 인물들을 찾아 질문을 던졌다. 질문들은 지역에서 책을 만들고 싶어 하는 사람들이 궁금해 할 내용으로 구성했다.

지역에 더 많은 출판사와 서점, 인쇄소, 잡지, 독서모임이 있지만 준비 기간이 짧았던 관계로 일부 대상자의 인터뷰만을 담은 아쉬움이 있다. 대신 기획물을 통해 부산에 어떤 출판사와 서점, 잡지, 독서모임이 있는지 정보를 담았다. 여러 명의 편집디자이너 작업물이라 폰트나 레이아웃을 통일하지 않고 각자의 자율성에 맡겨 작업했다. 가독성이 떨어질 수 있으나 예비 출판 디자이너들의 개성도 한번 봐주길 바란다.

예비 출판인들이 좌충우돌하며 만든 책이지만 열정을 담았다. 이 책이 출판과 서점, 잡지와 책 만들기에 막연한 관심을 가지고 있는 사람들에게 작게나마 도움이 되고, 2018년의 부산의 출판생태계를 기록하는 책이 되기를 바란다.

차례

3. 서점

4. 독서모임

5. 인쇄소

INTERVIEW

출판사
호밀밭

인터뷰하고 사진 찍고 글 쓰고 디자인한 사람
권혁제 박소희 박준혁 옥지민 염수민 장수빈

황무지의 넓은 호밀밭

농부는 천천히 땅을 고르고, 거름을 준다. 묵묵히 황무지를 돌보아 밭을 만들고 씨를 뿌려 잎을 돌보았다. 주변 이웃들은 그렇게 해서 언제 수확하고 돈은 언제 버냐며 핀잔을 준다. 가장 좋지 않은 땅에서 농부는 누가 뭐라고 하든 아랑곳하지 않고 호밀을 심고 다음 해엔 다른 작물을 심고 그다음 해엔 나무를 꿈꾼다. 언젠가는 숲이 될 것이다. 우리는 그의 곁으로 다가가 이야기를 들려주기를 청했다.

호밀밭 출판사 장현정 대표를 만난 건 화요일 오후 세시였다. 흔쾌히 응해주신 인터뷰는 구체적이고 솔직했다.

'호밀밭 출판사' 라는 이름은 한번 들으면 잊히지 않아요. 흔히 '호밀밭의 파수꾼'을 생각하니까요.

맞아요. <호밀밭의 파수꾼>이라는 소설에서 따온 거고요, 땅이 지력이 다해서 황무지가 되면, 땅을 살리기 위해 처음 심는 작물이 호밀이에요. 아주 억센 식물이라서 다른 식물은 못 살아남는 데서도 기어코 살아나거든요. 농부들은 호밀을 한 번 심어서 어느 정도 땅을 살린 다음, 다른 작물들을 심어요. 부산에서 혹은 한국이라는, 황무지 같은 곳에서 우리가 좀 살려내면, 나중에 다른 문화예술이 더 쉽게 이 터전에서 무언가를 할 수 있을 거예요. 그런 역할을 하고 싶어요.

서울에서 출판사를 할 수도 있었잖아요? 꼭 부산이어야만 했던 이유가 있나요?

모든 예술이 지역에서 창작하고 연습하기까지는 가능하지만 마지막 결과물을 내려고 하면 꼭 서울로 가야 하는 거예요. 그건 생태계 차원에서도 건강하지 않은 거고, 창작이나 연습을 하고 나면 마지막 결과물까지도 지역에서 다 완성이 되는 시스템이 지역의 문화 생태계 차원에서 필요하다고 생각했어요.

**부산만이 가지는
강점과 약점은
뭐가 있을까요?**

약점부터 말씀드리자면, 미디어나 마케팅 등 담론중심이 서울에 있으니깐 아무리 우리가 여기서 공들여 좋은 책을 만들어도 전국적인 이슈가 되거나 주목 받기 어려워요. 저희도 마케팅을 하시는 부장님이 서울에 계세요. 우리 출판사에서 신간이 나오면 그분이 서울에서 매대 관리나 미팅을 하세요. 그렇게 약점을 보완하는 거죠.
서울에서는 새로운 게 더 나오기 어려워요. 이미 웰 메이드 된 사람들이 경쟁하는 시스템이기 때문에, 새로운 것은 주로 변방에서 나와요. 항상 '전위'라는 것은 새로운 것과 만나는 어떤 지점, 즉 경계에서 나오는 거예요. 그런 의미에서 부산엔 굉장히 강점이 많은 거죠. 새로운 흐름이 나올 가능성이 많아요.

책을 만드는 과정에 참여하는 다른 분들과 소통은 어떻게 하시나요?

책을 낼 것인가 말 것인가, 낸다면 어떤 조건으로 낼 것인가, 출간 일정은 언제쯤일지에 대한 내용을 제가 저자랑 정하고, 나머지는 편집자랑 디자이너가 작가랑 소통하는 거죠.

내용은 편집자랑 작가가, 구성을 조금 바꾸겠다, 이런 것은 한 페이지씩 팁을 넣겠다 등의 아이디어를 소통하고요. 디자이너는 이런 시안을 잡아봤는데 어떠냐 하고 저자와 의견을 주고받아요. 최종적으로 정리가 잘 안 된다거나 하면 제가 보고 정리를 하고요.

저자 선택 기준은 어떠세요?

'세상이나 전공 분야를 독특한 관점으로 본다'라는 게 중요해요. 비슷비슷한 이야기 하는 사람은 많거든요. 뻔한 이야기들, 교장선생님 훈화 말씀 같은 거 있잖아요. 엄청 큰 이야긴데 들으나 마나 한 세계평화에 대한 이야기 같은 거, 그런 거 말고.

단행본은 논문이랑은 달라서 그런 옳다, 아니다 판단을 하려고 읽는 게 아니에요. '세상엔 굉장히 다양한 목소리가 있고 다양한 관점이 있다'라는 걸 기록하는 것이 단행본의 역할이에요. 자기만의 관점으로 일을 하고, 국밥 한 그릇을 말더라도 조금 다르게 해보려는 사람들이 1차 후보가 되는 거죠.

호밀밭의 개성이랑 딱 들어맞는 생각이시네요.

호밀밭은 비주류적 감수성, 그 자체가 중요한 정체성이에요. 호밀밭은 2018년의 한국사회를 사는 사람에게 이 책이 어떤 점에서 유익한지 우선 생각해요. 만약 지금 의미가 없다 하더라도 다음 해에 출판할 수 있죠.

고전이나, 저자 사후 70년이 지난 작품은 판권을 안 사도 되거든요. 텍스트가 있으면 그냥 번역을 해서 내면 돼요. 여러 출판사에서 같은 책이 나오는 것은 저작권이 없어서 그런 거거든요. 그런 것 중에서도 후보들을 가지고 있는 게 있어요.

**책 한 권을 팔면
수익이 얼마나 남나요?**

출판사에서 만든 책을 서점이랑 계약을 할 때, '공급률'이라고 하거든요. 공급률 계약을 잘 해야 해요. 만들어진 지 얼마 안 된 출판사 경우에 후려치는 경우가 있어요. 45%~50% 정도 밖에 안 줘요. 그렇게 하면 힘들어요. 교보 같은 경우엔 70%, 나머지는 보통 65% 정도에 계약을 하거든. 만 원짜리 책을 6,500원 받고 넘긴다는 거예요.

정가가 100이면, 그중에 20은 소매, 20은 도매, 그다음 60이 출판사로 수금이 되는데, 그 중 30이 제작비, 나머지 30을 저자랑 출판사가 나눠 가지는 시스템이에요. 보통 1대 2죠. 저자 인세가 10이라고 계산하면 책 한 권이 나갈 때 정가의 10%를 인세, 20%를 출판사가 가져가는 거예요.

그런데 요즘에 출판계가 힘들어요. 우리 회사는 보통 8%로 계약을 해요. 대신에 10,000부 이상이 팔릴 경우 12%, 이렇게 계약을 하죠. 쉽게 1:2라고 생각하시면 돼요. 초판 1,000부를 만들면, 15,000원짜리 책이라고 할 때, 1,000부 다 팔리면 저자가 150만 원, 출판사가 300만 원 가져가는 시스템이죠.

**한권의 책은
보통 몇 부
인쇄하게 되는가요?**

일반적으로 1쇄를 1,000부 찍어요. 우수도서에 선정되면 7-800부 정도가 한 번에 소진이 되니깐, 그런 가능성이 있겠다 싶은 것은 2,000부 찍고요.

최근에 나온 [아기나무와 바람] 같은 경우에 2,000부 찍었고, 작년에 장희창 선생님, 독일 고전은 거의 그분이 번역하셨거든요.

니체, 괴테와 같은, 독문학 쪽에서는 명망이 높으신 분이세요. 지금은 동의대 교수님으로 계신, 그분 같은 경우에는 워낙 유명한 분이라 초판을 2,000부 찍었어요. 그리고도 2쇄를 더 찍었죠.

출판사가 규모가 커질수록 직원을 채용하게 되는 데, 그 시기가 언제인가요?

정해진 시기는 없는 거 같아요. 제일 많은 모델이 대표랑 디자이너 하나 이렇게 두 사람이 하는 거예요. 대표는 출판사에서 오랜 기간 일했던 편집자 출신, 부인이 디자이너 하는 경우가 많고요. 그렇게 둘이서 하는 경우가 상당히 많아요. 디자이너가 없으면 혼자 하면서 외주를 주죠. 마음 잘 맞는 디자이너라든지.

조금 더 규모가 크면, 디자이너 한 명, 편집자 한 명, 대표 한 명. 여기까지를 1인출판사라고 하죠. 대표자 외의 2인까지. 그것보다 규모가 커지면 대중없는 거 같아요. 대표가 판단하기 나름이죠.

저희는 디자이너가 2명, 편집자가 1명, 마케팅 1명, 이렇게 있는데 사실 더 잘 하려면 편집자가 2명에, 마케팅이 조금 더 붙어야 할 것 같아요.

그리고 서류나 회계나 거래처랑 월말이 되면 계산서 끊어 주고 정산하고 잔고 맞추고 하는 작업을 할 만한 총무랄까요? 그런 사람도 필요하죠. 보통은 경영 지원팀이라 부르고요. 지금은 월말, 월초에 3-4일 동안 제가 후다닥 다하는데 그것도 제가 할 일도 아닌 것 같고(웃음). 여러 사항을 고려해보면, 저까지 포함해서 8명 정도가 적정규모일 것 같아요.

몇 권을 팔아야지 손익분기점을 넘어가나요?

1,500부 정도 돼요, 제작비 들어간 거랑 유통할 때 들어갔던 비용을 넘기죠. 앞에 1,000부 정도 초판으로 찍는다고 했으니, 1쇄가 다 팔리면 똔똔(웃음). 2쇄부터 수익이라고 생각하면 돼요.

**1,000권이
다 팔리는 경우도 있지만,
1,000부가 다 안 팔리는
경우도 있을 텐데
손해는 어떻게 극복하죠?**

손해는 극복할 수 없죠. 그냥 떠안는 거예요. 그런데 때에 따라서 안 팔릴 걸 알아도 회사의 철학이나 정체성에 맞는 책은 출간해야 해요. 그런 책은 홍보비라고 생각해요.

예를 들어, 노동 관련된 책을 냈다. 아니면, 굉장히 의미 있는 책을 냈다. 그거는 상업성이랑은 상관없이 우리는 그런 책을 낸다, 라는 우리 회사의 브랜드 이미지에 도움이 되기 때문에요. 그런데 계속 그런 책을 낼 수 없죠. 우리가 손해를 감수하고 내는 책들이 있고, 이 책은 손해를 보기 어렵다 하는 책도 있기 때문에, 그건 출판하고 별개로 경영 능력이에요.

**출판사에서 일하려면
어떤 자질을
갖추어야 할까요?**

일단 글을 잘 써야 하죠. 저희도 편집자와 제가 공동으로 SNS를 관리하는데 가끔 오탈자나 비문이 나오면 서로 발견 즉시 수정해요. 출판사의 얼굴은 디자인도 중요하고 다른 것도 중요하지만, 근본은 글에 있거든요.

글을 제대로 못 다루는 출판사, 다른 일반 회사가 SNS에 오탈자가 있어도 그러는데 하물며 출판사의 SNS에 비문이 있는 것은 치명적인 거죠. 보도자료 한 줄을 쓰거나 할 때도 글을 좀 쓸 수 있어야 해요. 그건 너무나 중요한 핵심능력이에요.

두 번째는 보도자료 같은 것을 쓸 때, 편집자의 능력이 제목 뽑기, 카피 뽑기, 목차 뽑기 이런 데서 드러나거든요. 그럼 몇 페이지가 되는 큰 글을 한마디로 요약하는 능력이 필요해요. 이 책의 제목을 뭐로 뽑아낼 거냐, 보도 자료 같은 경우에도 그냥 큰 제목 하나에 몇 줄 이잖아요.

보도 자료는 보통 총론이에요. 책이 지금 왜 필요한가, 그 밑 단락에는 좀 더 구체적으로. 1부에선 뭘 다루고 있고, 2부에서는 그 내용에 대한 거. 보도자료의 틀이라는 게 보통은, 큰 틀에서 이 책이 왜 중요하고 왜 나왔는가, 두 번째 문단에서는 그래서 구체적으로 이 책 안에는 어떤 내용이 있는가. 이렇게 두 개가 기본 틀이에요. 거기에 기타 등등, 지역의 어떤 작가랑 콜라보 했다거나 누가 추천했다거나 이런 게 부가적으로 달리는 거예요. 그러니까 결국, 자기가 일단 글을 어느 정도 쓸 줄 알아야 해요. 남의 글을 압축해서 요약할 수 있는 능력. 편집자라면 꼭 필요한 거고, 디자이너는 또 다르죠. 디자이너는 그런 것을 하나의 어떤 이미지로 압축해서 표현하는 능력이 필요할 것이고요.

*

우리는 어떤 꿈을 꾸고 있을까, 이정표가 없는 여러 갈래의 갈림길 한가운데 우두커니 서 있는 것만 같았다. 어디로 가야 할지, 어떻게 첫발을 내디뎌야 할지 알 수 없었다. 보이지 않는 저 길 끝은 절벽일 수 있다는 생각이 날 더욱 움츠리게 했다. 그런 우리에게 장현정 대표와의 인터뷰는 그 길들에 대한 안내서 같았다. 인터뷰하는 동안 그의 눈빛은 20대처럼 반짝였다. 우리가 막 지나온 20대는 그처럼 열정으로 빛난 적이 있었을까. 어쩌면 우리는 길과 길 사이에 무성한 숲을 헤쳐 들어갈 용기가 없었던 것은 아닐까. 우리는 이제 겨우 시작했을 뿐이다. ⓕ

*출판사 '호밀밭'의 책들_<아기나무와 바람> <록킹 소사이어티> <레알청춘대폭발> <부산의 마을버스> <모두의 내력> <망각의 유산> <안토니오 그람시와 문화정치의 지형학> <조선의 비전무예 호패술> <손잡고 허밍> <다시 루쉰에게 길을 묻다> <깡깡이 마을 100년의 울림> <삶으로 예술하기> <부산의 대중음악> <덴조의 칼>

INTERVIEW

출판사
예린원

인터뷰하고 사진 찍고 글 쓰고 디자인한 사람
권혁제 박소희 박준혁 옥지민 염수민 장수빈

연대와
분업의
예린원

가장 먼저 인터뷰이를 사전 조사했다. 독특하게도 대표의
개인 블로그를 제외하곤 관련자료가 거의 나오지 않았다.
망했다. 출판사의 특성이나 정보를 가지고 있어야 이야기가
쉽게 풀릴 텐데. 최초 인터뷰라는 기대도, 나름의 걱정과
고민도 있었지만, 베일에 싸인 정체를 뜯어보겠다는 일념을
가지고 부산문화콘텐츠콤플렉스로 향했다.

엔크리에이티브(도서출판 예린원)의 진현욱 대표를
만난 건 오후 두시 무렵이었다.

출판일은 어떻게 시작하게 된 건가요?	대학 들어가기 전에 원고를 싸 들고 출판사에 들락날락하면서 동인지를 만들었어요. 글에 대한 관심도 있었고요. 젊을 때는 누구나 시인이고 소설가잖아요. 하다 보니 자신감도 생기고 남의 책도 들여다보게 되면서 출판이 어떤 건지를 알아 갔어요. 그렇게 출판과 밀접하게 살다가 대학 졸업 후에 취업한 곳도 출판 관련 회사였어요. 성장하는 과정에서 출판을 자연스럽게 알아 간 거죠.
예린원이라는 사명은 어떻게 짓게 되었나요?	우리 딸 이름이 예린이에요. 하지만 한자가 조금 달라요. '예' 자는 예술 할 때 예(芸) 자에다 '린' 자는 옥무늬 린(璘)으로 써요. 예술의 무늬, 예술의 결과 한 파편을 다루는 출판사임을 말하고 싶었어요.
예린원은 지금까지 어떤 책을 출판했고, 출판할 계획인지요?	지역에서 좀, 닥치는 대로 책을 냈어요. 지금부터 내고 싶거나 꼭 내야 할 책을 꼽는다면 지역공동체에 대한 책이네요. 얼마 전에 있었던 장애인 시설 설치에 찬반 갈등 같은 님비현상이 사회적으로 많아지고 있잖아요. 결국은 이해하고 공감하고 나눌 수 있어야 하는데 경제적 가치로 서로 싸우고만 있는 것 같아요. 이런 상황들을 역사·사회·철학 등의 관점으로 살펴보고 어떻게 나아갈지 고민하는 책을 만들려고 해요. 지역공동체라는 주제로 사람들의 생활방식을 조금씩 바꾸는 데 일조하고 싶어요.
책은 대표님에게 어떤 의미인가요?	제가 초등학교에 들어갈 무렵, 1968년의 부모님들은 아이들에게 계몽사 같은 데서 나온 선집을 안겨주는 것이 가장 큰 선물이었어요. 그때 50권짜리 동화책을 선물 받아 읽으면서 어린 시절을 보냈지요. 책 냄새 맡는 게 참 좋더라고요. 글 쓸 때도 종이에다 쓰면 좋고. 종이가 가지는 푸근함이 좋았어요. 일일이 필사를 해야만 했던 성경을, 구텐베르크가 인쇄기를 만들면서 많은 사람과 공유할 수 있게 되었죠.

정보의 독점에서 공유가 종교혁명에 큰 힘이 되었듯이 책은 많은 사람을 생각하고 깨우치고 행동하게 만든다고 생각해요.

생명력도 길어요. 출간하고 6개월간은 신상품으로 취급받고, 3년쯤 지나도 그렇게 구닥다리 취급받지 않는 물건은 책 말고는 없을 겁니다. 하루에서 한 달 정도 유지되는 신문, 잡지 같은 미디어와는 다르게 10년 전의 책을 찾는 사람도 있어요. 책이 담고 있는 메시지들의 생명력이 긴 만큼 책의 생명력도 길 수밖에 없는 거죠.

**대표님은 보통
책을 얼마나 읽으시나요?**

우리 출판사는 1년에 책을 최소 5권 정도는 만들어요. 기본적으로 우리 출판사에서 나오는 책들은 제 손을 거치지 않으면 안 되기 때문에 그것들은 다 읽어요. 원고 검토해달라고 메일이 오면 그것도 대부분 다 읽고요. 1년에 대 여섯 권은 될 거예요.

나머지는 제가 필요로 해서 보는 책이네요. 서점에는 보통 한 달에 두 번 정도 가요. 해운대 신도시 교보문고나 센텀의 대형 서점을 이용해요. 요즘 책이 나오는 경향도 보고, 다양한 책을 보고 그래요. 그렇게 보는 것들 다 합치면 1년에 한 34권 정도, 한 달에 세 권 정도 되네요.

**부산이라는 지역은
대표님에게 어떤 의미인지
궁금해요.**

저 같은 경우는 부산에서 발 딛고 구성원으로서 살다 보니 자연스럽게 관심과 애정을 가지게 되었어요. 그 지역에 산다는 것만으로 관심을 가져야 할 이유가 생긴 셈이죠. 부산은 바다와 항구가 있는, 외부에서 들어오는 시 삭섬이기도 하고 우리나라에서 나가는 끝점이기도 한 곳이라고 생각해요.

한국전쟁 당시 전국 각지에 있는 많은 사람이 피난 와서 살다 보니 다른 지역보다 다양성이 짙은 지역이고요. 부산은 개척하기만 한다면 '꺼리'들이 무궁무진하게 펼쳐지는 곳이에요. 특히 출판 쪽에서는 이야깃거리를 많이 만들어 낼 수 있는 곳이고요.

부산에서 출판사를 운영하시면서 아쉽거나 힘든 부분이 있다면요?

택배의 발달이라든가, 배본사·마케팅 부분의 대행체제가 들어서면서 물류 부분은 결코 지역적인 문제가 아니게 되었어요. 지금 지역출판의 가장 큰 핵심은 인력풀이죠. 제 주변을 살펴봐도 부산에 남아있는 사람보다는 서울로 올라가는 사람이 많아요.

책 판매에 가장 큰 요인은 저자인데, 저자풀들도 서울로 다 올라가는 거예요. 부산 지역에 또는 지역별로 봤을 때 저자들이 과연 몇 명이나 있냐는 거죠.

좋은 재료, 젊은 친구들을 계속 발굴하는 동시에 유명세 있는 작가분들에게 지역에서 책을 내달라고 설득하면서 부산에서의 지속가능성을 만들어가야죠.

책 한 권의 정가는 어떤 것들로 어떻게 구성되어 있나요?

책 한 권의 정가를 만 원이라 책정했을 때를 가정해볼게요. 보통 서점과 거래를 할 때는 정가의 최저 55%부터 최고 70%의 가격으로 계약을 해요. 보통 평균적인 수치는 60%라 보고 시작할게요.

만 원짜리 책을 60%, 6:4로 계약을 하면 6,000원인데 여기에서 저자 저작료를 빼야 해요. 정가 기준 통상 10~12% 정도 인세를 지급해요. 거기에 물류비용 약 600원이 또 제해진다고 보면, 4,400원이 돼요. 여기에서 정가 기준 10%의 이윤, 천 원을 남기려면, 만 원짜리 책 한 권의 제작비는 3,400원이 되어야 해요.

그리고 여기에서 마케팅비용이 얼마가 들어가느냐에 따라서 손익분기점이 달라지죠.

손익분기점을 생각한다면 지금 활성화되고 있는 대형서점의 중고 서점들을 비판적으로 보시겠어요

그런 중고 책 시장은 출판을 갉아먹는 거예요. 출판사, 글을 만들어 내는 저자, 제작자, 인쇄와 관련된 업체 등의 출판 업계에 할 일이 없어지고 대형서점에만 수익이 생기는 거지요. 자기들은 미리 만들어져 있는 책들을 다시 유통하는 거니까 소비자와 판매자만 만족시키는 거지, 다른 산업적인 면은 만족시키지 못한다는 거지요. 중고서점은 보수동 쪽같이 절판된 옛날 책이나 구하기 힘든 책을 유통하는 시장으로 가야죠.

| 기획출판을 하실 때, 작가 선정 기준이나 기획 방향이 있을까요? | '출판은 무조건 작가가 하는 몫이 80%다'라고 기본적으로 생각합니다만, 언급했듯 부산에서는 작가풀이 많이 부족해요. 그래서 작가가 부족한 상황에서의 출판 기획의 기준은 '필요한 책'이라고 나름대로 정해 보았어요. 재밌는 책, 있어야 하는 책, 없어도 되는 책 등이 기준이 되겠죠. 돈이 될 때도 있고 안 될 때도 있겠지만 꾸준히 하면 기본적인 유지비를 뽑는 정도는 되지 않을까요. |

출판계의 인력 상황은 어떠할까요? 출판업에 종사할 때는 어떤 자질이 필요할까요?

디자이너가 많이 부족해요. 웹디자인이나 시각디자인 쪽은 아직까진 괜찮은데 인쇄 쪽은 장래성이나 사양 산업이라는 인식 때문인지 굉장히 부족해요.

출판 기획자들도 부족하고 특히 마케터들은 거의 없다고 봐야 할 듯해요. 책방에 왔다 갔다 하고 수금 관리하는 정도 말고는 마케터가 전혀 없죠. 사장들이 그런 것들을 도맡아서 하고 있어요. 조직에 의존해서 업무가 체계화되고 노하우들이 이전되는 단계로 가야 하는데 지금 출판계의 인력 상황은 가내수공업 단계 같아요.

그리고 출판기획자들은 다양한 문화와 인맥을 섭렵하기에 문화기획 영역까지도 진출할 수 있어요. 출판에 깊이 파고 들어가기 위해서는 문화영역 전반을 두루 깊이 살피지 않으면 안 되거든요.

디자이너 같은 경우에는 특성상 글 취급을 많이 하므로 타이포그래피에 대한 이해가 굉장히 탄탄해야 해요. 또 면을 이해해야 해서 구성을 알아야 하고요. 타이포와 면 구성이 탄탄하면 웬만한 그래픽디자인의 기본이 다 잡혀요. 이런 걸 생각하면 출판업에 종사한다는 게 미래지향적이지 못하다는 생각은 잘못된 생각이죠.

미래 출판인들에게 해주고 싶은 이야기가 있다면?

출판은 미디어라는 생각을 가져야 해요. 자기가 왜 출판을 하고 싶은지 목적을 가져야 해요. 또 각자 분업이 확실하게 되어 있는 출판의 여러 세부 직업 중에서 무엇을 하려는지, 그 역할이 무엇이고 전망이 뭔지 확실하게 알아볼 필요가 있어요.

보통은 내가 지은 것을 내 책으로 만들어서 사람들에게 읽히게 하고 싶다는 생각으로 출판을 많이 시작해요. 하지만 그건 작가의 역할이지 출판사나 출판인의 역할은 아니라는 거죠.

출판인은 협동해서 한 권의 책을 만드는 사람이에요. 기획하고, 작가들에게 글을 받고, 출판을 하고, 시장에 내놓는 일을 하는 게 출판인이에요.

자신의 글을 책으로 만들고 싶다면 좋은 기획자를 만나면 돼요. 자기 스스로가 출판인까지 된다면 글 쓰고 디자인하고 출판해야 하는데 글에 집중을 못 하고, 시간도 오래 걸리지 않을까요. 무엇을 하고 싶은지, 내 역할이 뭔지 정확히 알아야 공부와 집중을 할 수 있어요.

말씀하신 부분은 독립출판과도 연결되는 부분이 있을 것 같네요.

독립출판을 하면 글도 적어야 하고, 출판도 해야 하고, 공부도 해야 하겠죠. 부산에서 출판하는 1세대 2세대들이 다 해본 거예요. 별로 득이 없다는 것도 판명 났고요. 하고 싶은 일을 확정 지어서 배울 것이나 써먹을 곳을 찾는 게 오히려 더 현실적이지 않을까요.

독립출판 열풍이 불고 나서 누구나 책을 만들거나 판매할 수 있다고 생각하는데, 전부 실패했다고 봐요. 내가 열심히 해서 책이나 소재를 띄웠다고 가정해볼게요. 그러면 출판 대기업에서는 '요런 아이템 괜찮네. 야, 요거 뜨니깐 너희 작가 몇 사람 섭외해서 하나 잡듯이 빨리 써라'고 할 거예요.

바로 출판하고 막강한 자본으로 광고해 버리는 거죠. 모바일 게임 시장 같은 경우에는 광고비만 몇천만 원, 억대까지 쏟아부어요. 자본주의 사회에서의 개인은 자본을 따라잡을 수 없다는 거죠. 많은 젊은이가 꿈과 희망을 안고 독립출판에 매진하고 있는데 그건 아니라고 봐요. 조직 속에서 해야 할 일들을 찾아보는 게 일차적인 것이에요. 협동도 해보고 일도 나눠보고 그 속에서의 역할을 좀 더 전문적으로 깊이 있게 해 나가는 게 좀 더 바람직한 모양이 아닐까요.

독립출판은 어떤 방향으로 나아가야 한다고 생각하시나요?

자기 자신의 역할을 찾아 나가야 한다고 생각해요. 앞에 경험했던 사람들과 같이 경험을 공유하면서요. 독립출판에 대해 꿈만 키워서는 될 일이 아니라고 생각해요. 글 쓰는 사람만 있어서는 안 되잖아요. 글 쓰는 사람, 마케터, 프로듀서 등의 역할로 구성되어야 하잖아요.

이렇게 사람의 연대와 일의 분업과 협동이 중요해요. 출판하고 싶은 사람들이 모여서 기존의 지역 출판사들에 도움과 연대를 요청하는 게 오히려 더 효율적이지 않을까요. 지역의 많은 출판사 분들은 마음의 문이 다 열려 있으니까요. 근데 정말로 그런 것들을 헤쳐 나갈 의지가 있느냐, 두드릴 사람들이 있는가, 그게 문제죠.

**마지막으로,
출판과 출판시장은
어떻게 진화해야 한다고
생각하시나요?**

여기(부산문화콘텐츠콤플렉스)에서 말하는 콘텐츠 안에는 출판이 없어요. 게임, 영상, 만화 같은 것들만 콘텐츠로 취급하고 출판은 고개를 갸우뚱해요. 콘텐츠의 원류가 책인데 외면당하고 있는 거죠.

게임 같은 것들은 1억, 2억 지원 사업들이 많지만, 출판은 기껏 해봤자 세종 도서처럼 선정도서를 보급하거나 작가 지원해주는 몇백만 원짜리 지원 사업밖에 없는 거예요. 그것도 받기 쉽지 않고요. 정부나 지자체는 출판 지원책을 밑바닥부터 다시 생각해야 해요. 땅속 뿌리를 튼튼하게 해야 하는데 그 뿌리를 튼튼하게 하는 지원이나 인식의 전환은 하지 않고 왜 자꾸 잎만 키우려고 하느냐는 거죠.

특히나 부산에서는 좋은 책을 만들기 위해 어떤 주제를 다양하게 접근하는 장기 프로젝트를 지원하는 게 더욱 효과적이라고 생각해요. 하나의 주제로 입체적이면서 다양한 결과를 낼 수 있는 쪽으로 가야죠. 가령 공동체 복원이라는 테마로 책을 연속 시리즈로 기획하면 역사적, 문화적, 철학적, 사회적 등 다양한 면에서 출간이 될 수 있어요. 이런 테마로 지원을 하게 되면 출판사는 일정 기간 책에만 집중할 수 있겠죠. 그러면 양질의 결과물이 나옵니다.

마지막으로 출판은 공기와 같다고 생각해요. 중요하지만 아주 당연하게 받아들여서 모두 아예 생각을 못 하는 것 같기 때문이죠. 출판에 대한 인식의 전환도 필요하다고 생각해요. 기초과학에 투자가 인색하듯 출판도 그런 모습이라 씁쓸합니다.

*

현실적인 이야기가 더 와 닿은 건 왜일까. 한계를 가지고 있는 시장, 대중과 공무원의 인식 부족, 어긋난 지원, 지난한 지역. 꼭 출판 종사자가 아니더라도 각자의 삶 속에서 한 번쯤 느껴봤을 법한 한계. 특히 문화·예술 계통이라면 더욱 그럴 것이다. 또한, 그렇기 때문에 공감되는 대표님의 단어, '협동'. 지역의 사람들, 같은 가치를 지향하는 사람들끼리 모여서 연대하고 환대할 수 있다면. 부둥켜안고 울면서 한탄도 하고 나아갈 길을 같이 한 번 찾아볼 수만 있다면.

약속을 잡았던 시간의 거의 두 배를 훌쩍 넘긴 인터뷰 시간 동안 많은 이야기를 해주신 진현욱 대표님께 감사드린다는 말씀 다시 한번 더 전하고 싶다. ⓕ

* 출판사 '예린원'의 책들_<2016 2017 사진기록 부산시민촛불 광장> <지구와 연애하는 법: 중국에서 유럽까지> <포구를 걷다> <레인보우 부산> <바다를 떠난 섬> <영화감독 10인의 연출 수업>

INTERVIEW

출판사
인디페이퍼

인터뷰하고 사진 찍고 글 쓰고 디자인한 사람
구명서 박진주 서영우 이지은 함태호

반전.

미스터리 스릴러 소설에서는 절대로 빠질 수 없는 요소이다. 출판사 등록으로부터 1년, 하지만 벌써 여러 권의 책을 내놓은 출판사가 있다. 미스터리 스릴러 소설을 메인으로 출간하는 인디페이퍼가 그 주인공이다. 1인 출판 1년차라면 허둥지둥 해야 하는 것이 정상. 하지만 이 출판사는 어딘가 모르게 실력자의 냄새가 난다. 그 에너지는 도대체 어디서 온 것일까. 날이 추웠던 2월의 첫 날, 마감을 마치고 어렵게 시간을 내 준 **최종인** 대표를 만났다.

부산의 미스터리

인디페이퍼

안녕하세요. 본인 소개 부탁드립니다.

부산에서 인디페이퍼라는 1인 출판사를 운영하고 있는 최종인입니다. 출판사 등록을 한 지는 1년 조금 넘었지만 출판업에 뛰어든 지는 벌써 20년째에요. 99년도부터 서울 소재 여러 출판사에서 근무를 했었거든요. 편집자로 출발해서 나중에는 전체 편집자를 관리하는 위치까지 가게 되었죠. 현재 4권의 책을 출간했고, 가장 최근에는 올해 1월에 '읽지 않아도 되는 책의 독서안내' 라는 책을 출간했습니다.

오랜 직장생활을 접고 부산으로 내려오시게 된 이유가 있나요?

사실 거창한 이유는 없어요. 제가 고향이 마산이고 아내의 친정이 부산이에요. 항상, 언젠간 고향에 내려와서 살겠다는 마음을 가지고 있었죠. 서울 생활을 계속해서 이어가기가 답답하기도 하고, 스스로도 변화가 필요했습니다. 결국 고향에서 가까운 부산에서 1인 출판사를 해보기로 결심했는데, 모자란 자본은 서울 집을 팔아 마련했죠. 또, 저희 출판사는 미스터리 스릴러 소설이 메인인 회사예요. 그리고 부산이 미스터리 스릴러와 많은 부분에서 맞닿아 있다고 생각했어요.

부산과 미스터리 스릴러가 맞닿아 있다, 자세히 설명해주시겠어요?

미스터리 스릴러는 부산하고 굉장히 잘 맞는 장르라고 생각해요. 미스터리 스릴러 하면 보통 해변, 바다, 항구 아닐까요? 좁은 골목, 오래된 것과 새로운 것이 공존하는 도시, 추리문학관 등 많은 것들이 미스터리 스릴러와 맞닿아 있다고 느껴지거든요. 그래서 저희 인디페이퍼는 장기적으로 부산과 미스터리 스릴러를 잇는 콘텐츠들을 기획해 나가고 싶어요. 우선 부산을 배경으로 하는 추리문학이 하나 있었으면 좋겠다

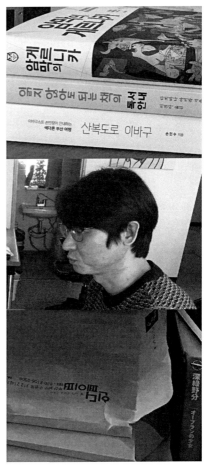

는 생각을 하고 있어요. 부산만이 가지고 있는 분위기가 소재가 되기에 충분하다 느끼거든요. 아직 구체적인 계획은 없지만, 추리문학상 같은 것도 만들어보고 싶고요. 또 미스터리 스릴러는 영화나 웹툰 같은 콘텐츠와도 소재가 굉장히 친밀해요. 그래서 이 분야들과 콜라보를 이룰 수 있는 이벤트나 콘텐츠 또한 만들어보고 싶습니다.

작가 섭외과정이나 책을 출간하는 기준도 궁금하네요.

직장 생활을 할 때 일본 관련 콘텐츠를 많이 담당했었어요. 일본 장르 소설 시장이 방대하기도 하고, 우리나라랑 잘 맞는 소설이 많아요. 그래서 외서도 제법 들여오는 편입니다.

일본 작가 같은 경우에는 에이전시를 통해서 주로 연락하는 편이고, 국내 작가 같은 경우는 이전에 여러 번 작업을 같이한 적이 있었어요. 그래서 제가 회사를 차리면서 함께 책을 내시게 되었죠. 반대로 제가 직접 책을 내자고 제안한 작가도 있어요.

1인 출판을 선택하신 이유가 무엇인가요?

제가 이제껏 해보지 못했던 분야에 도전할 수 있다는 것이 가장 큰 장점이지 싶어요. 아무래도 회사에 소속되어 일하다 보면 본인의 영역만 담당하게 되니까요. 저는 원래 소설을 담당했었는데 1인 출판을 하면서 인문, 여행에세이 등 다른 분야도 다뤄볼 수 있게 되었어요. 좋은 기획 아이디어를 바로 실현시킬 수 있다는 것도 큰 장점이에요. 이전의 생활과 비교해서 가장 좋은 점이 이 부분이라고 생각해요. 본인의 기획을 실현시키고, 독자들에게 바로 판단 받을 수 있다는 것은 편집자로서 정말 기분 좋은 일이죠.

산복도로 이바구

손민수 지음 / 인디페이퍼 펴냄 / 2017.06. 02
부산 산복도로에서 태어나 산복도로여행사를 운영하는 〈부산여행특공대〉 대표 손민수씨가 전하는 진짜 부산 이바구. 이바구는 '이야기'의 부산사투리이다.

힘든 점은 없으세요?

모든 결정을 혼자서 내려야 하니까 의논할 상대가 없어서 힘들어요. 잡무도 많아졌죠. 세무나 경영 부분은 아직도 어려워요. 부산이니까 책이 출간될 때마다 서울을 오가야 한다는 것? 부산에서 온라인 서점 MD들과 미팅하기는 쉽지 않은 것 같아요. 하지만 저는 습관이 되기도 했고, 당장의 이익은 없더라도 얼굴을 직접 맞대고 우리 책에 관해 설명을 해주는 것이 더 좋다고 생각해요. 그게 마음이 편하기도 하고요.

1인 출판 결심부터 실행까지의 과정이 궁금합니다.

시작은 출판사 등록이죠. 그다음은 작가 섭외. 섭외는 기획 단계부터 할 수도 있고 아니면 그 반대일 때도 있어요. 기획 단계를 거치고, 원고 윤곽이 잡히면 책이 나올 시기가 정해져요. 그쯤 되면 온라인 서점들하고 거래 계약서를 씁니다. 그다음이 제작이에요. 원고가 들어오면 편집부터 시작해서 디자인, 표지 등을 정해요. 완성되면 교정교열 후에 인쇄소로 넘기고요. 그사이에 마케팅 준비하고, MD들과 계속 미팅하고. 이 과정이 끝나면 온라인 서점에서 주문 들어온 책 보내주고 정산하고, 세금 신고하고 그러다 보면 어느새 1인 출판사 대표가 되어있답니다.

암막의 게르니카

하라다 마하 지음 / 김완 옮김
인디페이퍼 펴냄 / 2017.09.09
〈아트 서스펜스〉로 불리는 자신만의 영역을 구축하고 있는 하라다 마하 작가의 장편소설. 와세다 대학에서 미술사를 전공하고 큐레이터 경험을 가진 만큼 역사적 미학적 사실과 허구가 조화를 이룬 작품.

1인 출판사 대표의 하루가 궁금해요.

보통 오전 8시쯤 출근해서 커피 한 잔 마시고 주문서들을 쭉 확인하죠. 그에 맞춰 우리 출판사 창고에 있는 책들을 출고시켜요. 그러면 그 책들은 온라인 서점 창고로 이동하고 독자들에게 전달되는 거죠. 그 다음 일과는 그때그때 달라요. 오늘 할 일을 쭉 정리한 뒤에 편집하던 일을 계속하거나 외주를 처리하기도 하고, 시간 여유가 있을 때는 책을 읽기도 해요. 집중이 잘 되지 않을 때는 근처 학교 도서관에 가서 일하기도 하고요. 오후 시간이 되면 작가님들하고 통화를 많이 해요. 오후에 활동하시는 작가님들이 많거든요. 그러면서 표지, 교정, 계약서, 에이전시와 연락 등 짬짬이 들어오는 잡무들 처리하고, 저녁 먹고 나면 금방 시간이 지나가요. 퇴근은 보통 밤 9시 정도에 합니다.

1인 출판을 하면서 대표님 삶에 있어서 가장 달라진 점이 있다면?

시간을 스스로 조절할 수 있다는 것이 가장 큰 변화라고 생각해요. 회사에 다닐 때는 일보다도 사람에 대한 스트레스가 컸는데 이제 덜하죠. 상사나 후배들과의 관계에 치이다 보면 집으로 들어갈 때도 항상 짓눌리는 기분이었는데, 요새는 퇴근 시간이 상쾌해진 것 같아요. 일 역시

읽지 않아도 되는 책의 독서안내

다비바나 아키라 지음 / 아진아 옮김
인디페이퍼 펴냄 / 2018.01.15
뇌과학 등 지식빅뱅에 따른 새로운 지식 패러다임의 틀을 획득하면 읽을 필요가 없는 책을 가려내는 능력도 갖추게 될 것이라는 일본의 다독가 다치바나 아키라가 제안하는 역발상 독서방법론 인디페이퍼의 첫 인문학 번역서.

가 하고 싶은 일을 할 수 있게 되었고요. 웹 관련 출판물, 예를 들어 E 북이나 웹 연재 등과 협업을 진행하려고 시도하고 있어요. 올해 하반기 정도에는 웹툰사와 콜라보를 진행하게 될 것 같습니다.

1인 출판을 희망하시는 분들이 요즘 계속해서 늘어나고 있습니다. 추천할 만하나요?

그럼요. 제가 하지 말라고 해서 안 하실 것도 아니고(웃음). 주변에서 도움을 받거나 B-LAB 수업(부산콘텐츠코리아랩의 지역출판워크숍) 같은 프로그램을 반드시 수강하셨으면 합니다. 누구에게든 적극적으로 물어보세요. 출판하시는 분들을 위한 블로그나 카페, 사이트도 많아요. 또한 출판사를 직접 운영하며 편집을 하다 보면 원고를 받아 읽으면서 즐기게 되는 순간이 있어요. 그 순간에는 마치 마약 같은 느낌이 들죠. 이게 누구도 읽은 원고가 아니잖아요. 제가 첫 독자인 셈이죠. 이런 순간에 이 일 참 재미있다고 느끼시게 될 거예요.

시간 망명자

김주영 지음 / 인디페이퍼 펴냄 / 2017.02.08
부산 작가와 부산 출판사의 합작품 〈시간망명자〉
2017 SF 어워드 장편소설 부분 대상을 수상했고, 22회 부산국제영화제 아시아필름마켓의 Book to Film행사의 피칭작으로 선정되었다.

그 분들에게 꼭 해주고 싶은 말은?

저는 출판을 원래 하던 사람이라 다른 사람들에 비해 그 과정이 쉬웠던 건 사실이에요. 하지만 무작정 1인 출판을 하기엔 어려운 점이 많습니다. 전체적인 출판의 흐름을 알고 시작하는 것이 실패를 줄일 수 있는 방법이라고 생각해요. 막 졸업한 대학생이라면 회사를 3년 정도는 다녀보는 것이 좋고, 그렇지 않은 분은 도움을 받고 시작하시는 것을 추천해요. 교정 교열만 생각해봐도 기본적인 오·탈자는 가능하다 하더라도 문장을 다듬는 법이나 쓰는 법 등은 많이 해보셔야 실력이 늘어요. 자꾸 반복해야 오류가 줄어들죠. 마케팅도 마찬가지에요. 출판사 간의 아이디어 싸움도 심하고 카드뉴스, PV(북트레일러), 배너광고, 사은품 등 생각해야 할 것들이 너무나 많죠. 모를수록 시행착오를 많이 겪게 됩니다. 주변에서 누구든 도움을 받을 수 있는 사람을 찾고 시작하시는 것을 추천해요.

마지막 질문입니다. 부산에서 출판사를 운영하는 것이란?

지방에서 출판을 하기란 쉽지 않습니다. 하지만 출판은 어디서 하든 힘든 건 마찬가지라고 생각해요. 서울에 있는 큰 출판사들도 매출이 4~500억씩 되면서 늘 힘들다는 말을 입에 달고 살죠. 부산에 등록되어 있는 출판사는 많지만 실제로 운영되는 곳은 많지 않을 거예요. 그래서 저는 부산에서 남들이 생각하지 못하는 출판의 새로운 방향을 가지고 도전해보라고 말씀드리고 싶어요. 아직까지 지역출판이 활성화되지 않은 곳에서 본인만이 할 수 있는 기획을 가지고 도전해 보는 건 너무나 재미있는 일 아닐까요?

출판은 **재미**있는 일. 인터뷰를 진행하면서 수많은 이야기를 나누었지만 그의 이야기는 모두 한 문장으로 귀결되었다. 그가 좋아하는 출판을 하기에 부산은, 어쩌면 열악한 공간이었을지도 모른다. 하지만 그만의 노하우와 열정으로, 또 자신이 사랑하는 미스터리 장르 소설과 부산의 결합으로 본인만이 할 수 있는 출판을 시도해나가고 있다. 반짝하고 사라지는 지역의 1인 출판들이 그를 보며 자신감을 얻고, 그들만의 자리를 만들어 나갈 수 있길 기대해본다.

PROJECT

부산⁺
책

기획하고 취재하고 글 쓰고 디자인한 사람
손형선 옥지민 이선화 장진실 정수진

책으로
부산을
만나다

산지니

산지니는 2005년 2월에 설립된 출판사이다. '가장 높이 날고 가장 오래 버티는 우리나라의 전통 매'를 의미하는 출판사의 이름처럼 2017년 12월까지 총 300여 종의 책을 내며 부산에서 자리를 굳건히 지키고 있다.

지역에서 행복하게 출판하기

강수걸 외 지음

프롤로그에서 산지니의 강수걸 대표는 '우리 책을 읽고 독자들이 보다 좋은 세상을 만들면 좋겠다는 뜻으로 책을 낸다.'고 말한다. 『지역에서 행복하게 출판하기』에는 '독자들에게 좋은 영향'을 주기 위한, 산지니의 열정이 고스란히 담겨있다. 또한, 이 책은 지역에서 출판업에 종사하려는 이들에게 지역 출판의 길을 엿볼 수 있게 해준다.

인디페이퍼

1인 출판사 인디페이퍼는 부산에서 미스터리 장르라는 독특한 콘셉트로 <시간 망명자><암막의 게르니카>등과 같은 작품을 발간하였다. 부산과 관련하여 출간한 <산복도로 이바구>의 성공에 힘입어 현재는 <미스터리 부산>이라는 이름으로 책 전시, 작가와 독자와의 만남 등 다양한 콘텐츠를 기획 중이다.

산복도로 이바구

손민수 지음

부산 출신으로 '부산 전문 이바구스트' 손민수 작가가 산복도로의 길을 따라 진짜 부산의 원도심에 대한 다양한 이야기를 여행 가이드 형식으로 풀어가는 책이다. 산복도로를 이루고 있는 지역 주민들의 진짜 부산이야기와 우리가 놓쳤던 거리 곳곳의 옛 건물에 얽힌 이야기가 산복도로를 걷는 감성을 자극할 것이다.

순간과영원

2012년에 문을 연 순간과영원은 '순간'의 열정 '영원'을 향한 꿈이라는 메시지를 담고 있다. 책 뿐만 아니라 잡지, 웹진, 기업사보 등을 기획하고 만든다. 크리에이티브 만물상을 표방하는 순간과영원은 다양한 영역으로 활동을 넓혀가면서도 대담한 상상력과 역설의 미학, 진정성 있는 심플함이라는 자신들의 가치를 지켜가고 있다.

산복도로 모놀로그

은래 지음

누군가가 만든 길을 따라 단지 공간을 감상하는 것이 아닌 여행자 스스로 여행의 길과 의미를 만들어야 한다는 것, 그 진실을 나눌 새로운 의미의 여행에세이를 표방하며 만든 책이다.

순간과영원이 부산의 매력과 다채로운 이야기를 담아내는 B도시 이야기 시리즈의 첫 번째 책으로 2013년에 세상에 나왔다. 구구절절한 설명도 없고 친절한 안내도 없다. 사진과 함께 지은이의 짧은 글을 읽다 보면 어느새 산복도로 골목길을 거니는 기분이 된다. 온라인이나 부산의 작은 책방에서 만날 수 있다.

호밀밭

호밀밭은 올해 설립 10주년을 맞이한 출판사이다. 인간과 사회, 지역과 문화예술에 대한 책을 출간하고 있다. 북토크와 독서모임을 통해 출판뿐 아니라 부산의 지역문화 발전에도 노력하고 있다.

작은 공간 큰 이야기

김상화 엮음

'지역과 동네의'라는 두 가지 핵심 키워드로 부산의 문화매개공간인 '쌈'에서 진행되는 부산 지역의 예술가들과 시민이 직접 소통한 이야기를 엮은 책이다. 책에 담긴 다채로운 예술과 삶의 이야기는 지역문화에 입문하는 초급자를 충분히 매료시킬만한 이야기가 풍성하다.

문학 평론을 전문적으로 출판하는 전망은 부산에서 활동하는 시인들의 작업을 꾸준히 소개하고 있는 부산 지역 출판사이다. 또한, 공존, 장소, 돈, 자유 등의 다양한 주제로 백년어서원을 찾아오는 손님들의 원고를 소개하는 '개똥철학 시리즈'를 출간하고 있다.

지역문학에서 지역문화 연구로

남송우 지음

지역정체성을 지닌 지역문학의 현황을 소개하고, 지역문학이 문화적으로 활성화 되기 위한 방안을 제시하고 있다. 문학이 문화적으로 나아가기 위해서는 단순한 문학에 대한 관심뿐 아니라, 문화재단 및 지역문화 융성을 위한 투자가 필요함을 역설하고 있어 흥미롭다.

비온후

도서출판 비온후는 부산에서 건축·미술·사진·문화에 관한 책을 만드는 곳이다. 그래서 '책만드는 작업실'이라는 이름이 앞서 붙는다. 1988년 디자인 전문회사로 출발해 2000년부터 출판사를 겸하며 주로 건축 전문 잡지와 책을 발간해오고 있다. 김철진 대표는 비정기 간행물 '비클립'을 통해 지역 미술 작가를 꾸준히 소개하고 있기도 한데, 그동안 부산의 작가와 맺은 인연을 기반으로 개성 있는 그림과 글을 담은 그림책 발간에 집중할 계획이라고 한다.

한밤의 아이스크림 트럭

서진 글, 김대홍 그림

발랄한 상상력과 문체의 서진 작가와 다양한 예술 언어로 시각예술을 구현하는 김대홍 작가의 작품이다. 우리 곁의 또 다른 존재 반려견과 그를 통해 본 생명에 대한 이야기다. <한밤의 아이스크림 트럭>은 상상력으로 가득한 그림책이다. 지역의 작가들과 그림책 작업을 이어갈 비온후의 미래처럼 말이다.

빨간집

사람, 문화, 예술, 장소, 지역을 기록하여 출간하는 출판사 '빨간집'은 2015년 11월에 설립된 따끈따끈한 출판사이다. 현재 1인 출판사로 운영중이다. 소개하는 책 외에도 문화예술을 소개하고, 지역에 필요한 생각과 태도를 공유하는 잡지인 '어쩌다보니'를 발간하고 있다.

청사포에 해녀가 산다

배은희, 최봉기 지음

도심 속 어촌마을을 이루는 청사포 해녀 8인의 일상과 개인적인 삶, 속내 이야기를 생생한 육성으로 담아냈다. 부산의 마을기업인 '에코에코협동조합'과 공동으로 청사포 해녀들의 삶을 기록하는 프로젝트를 진행하고 한권의 책으로 묶어 대중들과 소통할 수 있게 되었다.

사투리 그대로를 담아낸 해녀의 이야기는 읽는 내내 마치 인터뷰 현장에 있는 듯한 생동감을 선사한다. 청사포 해녀들이 들려주는 이야기가 청사포의 급격한 변화 속에서도 마을에 대한 기억을 풍성하게 해줄 좋은 책이 되어 줄 것이다.

도서출판 해성은 30여 년간 굳건히 명맥을 이어가고 있는 부산의 지역출판사다. 부산의 가장 지역적이면서 문학적 향기가 가득한 다수의 책을 출간하였으며, 현재는 문화 불모지였던 부산을 대표하는 출판사로서 부산을 담은 책을 꾸준히 출간 중이다.

영남대로 스토리텔링

박창희 지음

옛길에 대한 단순한 인지를 넘어 문화적, 역사적으로 영남대로를 새로이 조망하는 책이다. 부산의 옛길 중 동래부사 왜관 행차길, 좌수영 길, 기장 옛길, 다대진 가는 길 총 4곳을 철저한 역사적 고증을 통해 흥미롭게 재조명하고 있다.

INTERVIEW

잡지

비클립

인터뷰하고 사진 찍고 글 쓰고 디자인한 사람
강수인 김지홍 박소영 박영미 박현영 이유진

부산 문화예술잡지
[비클립 (b-clip)]
인터뷰

_ 사랑방에서 꽃피는 부산문화예술

프롤로그

탱글탱글한 고무줄과 단단한 클립으로 미술, 사진, 건축, 책, 문화, 음악 등을 엮어 만든 특별한 잡지가 있다. 바로 출판사 '비온후'에서 만드는 『비클립 (b-clip)』이다. 안 본 사람은 있어도, 한 번만 본 사람은 없을 정도로 끈끈한 독자층을 확보하고 있다. 부산의 대표적인 문화예술잡지로 2013년 봄호를 시작으로 지금까지 12권이 세상에 나왔다. 설 연휴가 끝이 나고 일상이 시작되는 월요일 오전. 책 만드는 작업실 '비온후'에서 김철진, 이인미 씨를 만났다. 그들의 이야기가 있는 그곳에는 커피향이 가득했다.

안녕하세요. 대표님 소개 부탁드립니다.

김 (김철진) : 안녕하세요. 출판사 '비온후' 대표이자, 『비클립 (b-clip)』 발행인 김철진입니다.

이 (이인미) : 안녕하세요. 포토그래퍼 이인미입니다.

『비클립 (b-clip)』을 만들게 된 계기가 무엇인가요?

김 : 먼저 출판사 이야기부터 해야겠죠. 처음에 편집디자인 작업실을 하다가, 건축가들의 전시를 통해 책을 만들 기회가 생겼어요. 그때 '출판을 해봐야겠다.'는 생각이 들어서 2000년도에 출판사 등록을 했어요. 문화, 예술 분야 분들과 알음이 많이 생기다보니깐, 그들의 이야기와 작품을 소개 할 수 있는 방법에 뭐가 있을까 고민하다, '아, 잡지를 한번 만들고 싶다.'라는 생각을 했어요. 사실 2000년 초에 『비클립』은 아닌데 한 번 낸 적이 있어요. 『아키블루』라고. 저희가 건축 잡지사 일을 했었고, 우리도 잡지를 만들고 싶다는 생각으로 2~3년 정도 웹진을 만들었어요. 그러다 오프라인으로 1년에 한 번이라도 만들어 보자고 하고 만든 게 『아키블루』였는데, 딱 한 권 내고 그 후로는 못 냈어요. 그때는 일이 바빠서 하고 싶은 일 하는데 시간을 내기가 쉽지 않더라고요. 그 후 시간이 쌓이면서, '재미있는 것을 다시 만들어 보고 싶다.'는 욕심이 들더라고요. 『비클립』은 미술이 중심에 있고, 건축, 사진, 문화를 베이스로 두고 있어요.

이 : 『아키블루』만들 때나 『비클립』만들 때가 생각이 같은 게, 한 분야만 하면 재미가 없더라고요. 다양한 사람들과 뭔가를 함께해야 된다는 생각을 그때도 했던 것 같아요. 그래서 건축가 20명, 일반인 20명을 인터뷰 하면서 『아키블루』를 만들었어요. 현재 『비클립』의 베이스는 '보따리'라고 하는 모임인데, 이 모임도 사실 누가 모인다고 딱 꼬집어 말할 수는 없어요. 한 분야에 종사하는 사람이 모이는 게 아니라, 다양한 일을 하는 사람들이 모이거든요. 같은 일을 하는 사람들만 모이면 늘 비슷한 이야기를 하잖아요. 다른 분야의 사람들을 만나면 자기들끼리는 당연한 것들을 전혀 다르게 이야기 할 때가 있으니까요. 『비클립』이 '미술 잡지다, 문화 잡지다.' 하는 건 없지만, 다양한 사람들과 교류 할 수 있다는 것이 저희가 잡지를 만드는 목적, 이유라고 생각해요.

그럼 잡지 이름은 어떻게 짓게 되었는지요?

이 : "B"가 두 가지 의미가 있는데요, 첫 번째 의미가 'B라고 하는 게 A를 추구하지 않는다.' 우리가 항상 1등 해야 하는 건 아니잖아요. B라고 해서 나쁜 것도 아니잖아요. 그쵸? 두 번째는 '부산'이라는 의미고요.

다른 기사를 봐도 "B"에 대한 이야기만 있고 "클립(clip)"에 대한 의미는 없던데, 제본 방식을 말하는 건가요?

이 : "클립(clip)"은 잡지를 클립으로 제본을 하기 때문이기도 하고, 저희가 공동체에 관심이 많아요. 공동체라는 게 '항상 뭔가를 함께 해야 하고, 끈끈한 연대감'이 있어야 하는데, 사회가 바뀌면서 요즘 시대는 그런 것들이 부담스럽잖아요. 클립이라 하면 필요하면 묶고, 풀면 말끔히 분리되는 게 클립이잖아요. 우리는 연대하지만 '끈끈한 연대'는 하지말자, 그런 의미도 있죠. 잡지를 보시면 지금은 큰 덩어리(묶음)로 한두 개지만, 처음에는 나눠서 했어요. 그래서 사람들에게 '보시고 마음에 안 드는 부분은 두고, 마음에 드는 부분만 가져가도 돼요.'라고 말했었어요.

김 : 처음에는 다 낱장으로 했었어요. 그게 손이 너무 많이 가더라고요. 그래서 지금은 몇 묶음으로 만들어서 제본하고 있어요.

잡지를 만드는 주체는 누구인가요?

김 : 비온후가 주체이고, 함께하는 사람들은 '보따리' 모임 분들이에요. 비온후가 제작비를 전적으로 부담하고, 비온후와 마음을 같이 하는 분들이 필진이 되어 만들어지죠. 필진들은 재능기부로 이루어집니다.

이 : 꼭 전문가가 아니어도 원고를 쓰세요. 멤버 중에 건축가 교수님이 계신데, 개인적으로 음악을 좋아하셔서 음악에 대해 연재하고 계시거든요. 도시에 관심이 많은 분은 또 도시에 대해 글을 쓰시고요.
그리고 저희는 출판사잖아요. 단행본을 만들기가 쉽지 않다는 걸 알고 있거든요. 제작비를 들여 책이 출판되었는데 독자가 찾지 않는 경우도 있잖아요. 그런 경우 『비클립』을 통해서 연재하면서 독자의 반응을 확인할 수도 있지 않겠어요. 필자한테도 저희에게 서로 좋은 일이죠.

김 : 단행본을 염두에 두고 연재하시는 분들도 계시구요. 잡지의 일부분은 자유롭게 텍스트 위주로 원고를 받고 있어요.

『비클립』 뒤에는 '보따리'라는 모임이 있는 건데, 어떤 모임인가요?

김 : '보따리'는 대표는 없고 총무만 있고요, 의견 낸 분이 주체가 되어 모임이 이루어지고 있어요. 공연도 했었는데요, 그것도 술자리에서 이야기하다가 진행되었어요. 그것도 다단계로 모아 200여명 정도 관객이 모이기도 했고요. 그걸 보시고는 '보따리'에 들어오시려는 분들도 계셨어요.

이 : '보따리'를 처음 만들 때 저희는 '일을 만들지 말자. 그냥 즐기자.'였거든요. 그래서 집중되는 게 조금 부담스러웠어요.

김 : 그리고 『비클립』이 '보따리'가 지속적으로 모일 수 있는 하나의 끈이죠.

'문화/예술'을 주제로 하는 잡지이면 부산시에서 지원을 받을 기회가 많을 것 같은데, 굳이 자비를 들여 제작하는 이유가 있으신가요?

김 : 내 마음대로 할 수 있으니까요.

이 : '보따리'도 그렇고 『비클립』도 그렇고 자립적인 경제 주체자가 되어야지만 계속 이어 갈 수 있지, 누군가에 의존하다보면 어딘가 영향을 계속 받을 수밖에 없잖아요. 지금 모이는 분들이 40대 50대 이다보니 이정도면 우리 스스로 할 수 있지 않을까? 하는 생각이에요. 한번 발행하면 500부 정도 찍어요. 배포수가 적어서... 그래도 많은 사람이 볼 수 있는 방법으로 홈페이지에 e-book으로 업로드 하고 있어요.

배포처는 어디인가요?

김 : 손에서 손으로 다단계 방식이죠. 그리고 직접 우편으로 보내는 곳도 있습니다.

이 : 모퉁이극장, 백년어서원, 갤러리 등. 비온후와 인연이 있는 몇 군데는 보내죠. 서울, 대전, 제주도 보냅니다.

김 : 전혀 모르는 곳은 보내지 않아요. 나름대로 소중한 책인데 관심 있어 하고, 알아주는 곳에 보내죠. 그리고 무조건 메인 작가에게 100권을 드립니다. 작가들의 개인 포트폴리오로 사용하시라고 드리죠. 메인커버가 한 권만 건축이고 나머지는 미술작가의 작품이었어요.

메인 커버 작가들의 선정 기준은 무엇인가요?

김 : 부산에서 열심히 작업하는 작가들이죠, 한국에서도 어디 빠지지 않는 충분한 실력자 분들입니다. 제가 아끼는 동료들이구요. 그동안 제가 많이 봐왔죠. 저희와 충분히 커뮤니케이션이 있는 작가들입니다. 지금은 아는 분들을 주축으로 소개되지만, 저희도 인맥이 한정되어 있으니, 충분히 가능성이 있는 신인작가들도 소개할 예정입니다.

이 : 저희가 매호에 메인작가가 정해지면, '보따리' 멤버들 중 작가를 만나보고 싶어 하는 분들이랑 함께 가서 인터뷰 하면서 하루를 보내거든요. 그때 작가의 처음 작품부터 지금의 작품까지 이야기를 해주시는데, 이런 모든 과정을 듣고 나면 작가가 달리 보이더라고요. 아마도 『비클립』을 읽는 독자도 저희와 같은 느낌을 받지 않을까 해요.

2013년 봄호를 시작으로 비정기적으로 발행을 하는데 나름의 기준이 있나요?

김 : 일을 하면서 하다 보니 정규적인 발행이 어려워요. 처음에는 바쁜 시기 겨울을 제외하고 3번을 발행하려고 했는데, 그것도 여의치 않아서, '적어도 1년에 2번은 내자.'라고 하고 발행하고 있어요.

『비클립』의 메인이 "미술"인 계기가 있었나요?

김 : 대안공간 반디와 5년간 같이 생활을 했었거든요. 1, 2층은 대안공간 반디가 있었고, 3층에 저희가 있었어요. 그때 반디에 항상 전시가 있었고, 그 전시와 관련된 인쇄물을 저희가 하면서 미술과 가까워졌어요. 작가들과는 많은 이야기를 하게 되었습니다. 그러면서 작품도 사게 되었고요. 『비클립』 1호 작가의 그림은 제가 처음으로 구입한 작품이에요. 일을 하면서 작가들을 만나 이야기하고, 전시 팸플릿도 만들고 전시도 보면서 '좀 더 오래 남길 수 있는 방법이 없을까?' 전시가 지나면 팸플릿은 없어지잖아요. 잡지도 그렇게 오래가는 건 아니지만요. 제가 좋아했던 작가들의 작품과 이야기를 기록하고 싶었어요.

잡지를 읽으면 문장이 깔끔하고 군더더기가 없어요. 교정교열을 따로 보시는지요?

김 : 저희는 왠만해서는 교열은 안보구요, 교정만 보고 있어요. 대부분 필자가 어느 정도 활동을 하는 사람들이 주를 이루다 보니 크게 수정되지는 않아요. 교정교열을 제가 보기도 하고, '보따리'를 함께하시는 분들이 오셔서 봐주기도 합니다.

창간호부터 지금까지 발행된 잡지를 보면 내용 구성이 조금 변한 것 같아요.

김 : 1호에 보시면 음식도 나오고, 음악도 있고 했죠.

이 : 사내보 같은 느낌이었죠.

김 : 디자인도 처음에는 다양하게 해보고 싶었어요. 그래서 주변 디자이너 분에게 의뢰도 했었는데, 제가 생각한 거랑 조금 느낌이 다르더라고요. 그래서 그냥 제가 이끌어 가고 있어요. 이런저런 시도들이 10호 이후부터는 정리가 좀 되었죠. 아, 그리고 보시면 'b-clip'의 글자체가 매호 조금씩 달라요. 초창기에는 다 다르게 하다가, 지금은 위치를 자꾸 바꾸고 있어요. 재미를 주고 싶어서요.

이 : 본인만 아는 코드죠.

김 : 클립모양도 다르죠. 어딜 가면 클립만 사오죠. 수집하고 있어요. 메인커버 이미지에 따라 클립모양이 다르죠. 가능한 한 맞추려고 하죠. 알고 보면 재밌죠?

그럼 13호의 콘셉트는 무엇인가요?

김 : 저희가 출판을 하다 보니 메인커버로 '책'을 한번 해보려고요, 이번에 동화책 『한밤의 아이스크림 트럭』이 나왔거든요. 소설가를 메인으로 잡고 있어요.

잡지 발행할 때 마다 기획을 하고 원고를 내는 건가요?

이 : 절반은 기획에 의해서 작가와 주제가 정해지구요. 나머지 절반은 기존에 연재하고 있는 외부원고 이니까 그걸로 정해지지요.

김 : 원고청탁은 제가 또 하죠.

그럼 「비클립」이 미술계에 영향력 있는 잡지 아닌가요?

김 : 그 정도는 아니고요. 미술잡지가 틈틈히 나오다가 지금은 없죠.

이 : 그걸 유지한다는 게 어렵죠. 비용도 비용이지만, 원고를 모으고 편집하고 하는 과정 자체가 쉬운 일은 아닙니다.

김 : 그 두 개가 참 안 맞아요. 자본이 있는 사람은 콘텐츠가 없고, 콘텐츠가 있는데 자본이 없어서 못 만드는 경우도 있고.

혹시 잡지에 광고를 받지는 않으신지요? 이 정도 영향력이면 하고 싶어 하시는 분들이 많으실 것 같은데요.

김 : 처음부터 페이지 임대를 생각하고 했었어요. 제본방식이 끼웠다 뺐다 할 수 있게 되어 있어 유연하거든요. 지면을 자유롭게 쓸 수 있다는 클립 제본의 장점이죠. 혹시 페이지를 사용하고 싶은 분들은 언제든지 연락주세요. 잡지와 광고 이미지가 맞는다면 함께하면 좋죠.

어떻게 보면 12권을 가지고 있어도, 대표님이 말씀하신 것처럼 개인의 취향에 맞게 넣을 건 넣고 뺄 건 빼면 "나만의 비클립"을 만들 수도 있겠어요.

김 : 근데 저희가 처음부터 잘못했던 게, 구멍 뚫는 위치를 같이 했으면 합본이 가능했을 텐데 12권의 구멍위치가 다 달라요. 사람이 하다 보니 어쩔 수가 없었죠. 인쇄했을 때 표시라도 했었어야 했는데 말이죠.

이 : 사람이 펀치로 뚫다보니 그렇게 됐습니다. 이 모든 걸 '보따리'와 함께 하죠. 제본 작업하는 날은 펀치로 뚫린 동그란 종이들이 작업실 바닥에 한가득 이에요.

검색해보니 단행본 수가 꽤 있던데 몇 권 정도 되나요?

김 : ISBN이라고 받은 것은 한 40~50개 정도 되는데, 저희가 다른 출판사와 다르게 출판을 전적으로 하는 건 아니거든요. 디자인 작업도 하고, 공공미술도 하고, 사진도 당연히 하구요. 전적으로 출판사라고 하기에 조금 쑥스러운 면이 없지 않아 있어요.

이 : 20년 해서 40~50개는 많은 것은 아니죠.

김 : 부산에서 출판하기 힘든 면이 많죠.

이 : 저희는 출판을 좀 더 잘하기 위해서 다른 일도 함께 하는 거죠. 출판사만 운영해서 경제적으로 여유로울 수가 없거든요. 팍팍하게 책을 만들고 싶지 않아요.

김 : 저자가 '책을 내서 돈을 많이 벌어야지' 하는 분들은 저희가 좀 부담스럽죠. 그리고 저희를 답답하게 생각 할 수도 있을 것 같아요. 적극적으로 홍보나 광고를 하지 않거든요. 그렇다고 안하는 건 아니고요, 기본적인 건 다 합니다.

이 : 아, 최근 들어서 누군가가 도서관의 신청도서로 신청해주시더라고요. 그렇게 해서 나가는 책들이 생기는데, 사실 개인이 사는 것보다 그렇게 신청해주셔서 도서관을 통해 책이 나가면 훨씬 많은 사람들에게 책이 읽히잖아요. 그래서 그런 것에 대한 적극적인 방법이 있었으면 좋겠다는 생각이 들더라고요.

지역출판하면서 가장 힘든 점은 무엇인가요?

김 : 유통이죠.

이 : 책을 보낼 때 물류비 자체가 크잖아요. 서울 같은 경우는 당일 배송이 가능하지만, 우리의 경우는 평균 3일이 걸리죠. 대형서점에서 책 주문이 들어오면 우리가 보내고, 서울에서 고객에게 보내는 시간이 길죠.

'비온후' 출판사가 추구하는 이미지가 있나요?

김 : 문화라고 해야 하나. 크게 보면 예술, 문화인데 기회가 된다면 문학도 하고 싶어요.

이 : 부산에 관련된 책들을 많이 만들고 싶어요. 부산에 대한 이야기를 쓰는 것.

김 : 그게 더 중요하네요. "부산"

이 : 부산에 있는 필자.

만일 「비클립」이 정기간행물로 등록이 되고, 유가지로 바뀌면 그래도 여전히 클립으로 제본을 하실껀지요?

김 : 그거는 유지할겁니다.

이 : 클립 끼우는 재미도 있거든요. 사실은

김 : 특별판 이런 것 만들 때는 제본방식을 달리할 생각도 있습니다.

대표님에게 잡지는 어떤 건가요?

김 : 잡지라는 게 잡스러워야 하잖아요. 그게 포인트라고 생각하는데 너무 정갈하면, 잡지 맛이 안 나니깐요. 안 그러면 단행본이 되어야 하잖아요. 잡지는 잡지대로... 그걸 지향하는데 잘될는지 모르겠어요.

이 : 어느 한 곳에 진지한 게 생기면 그게 단행본이 되기도 하고... 이게 제일 좋은데, 그죠.

최종 목표는 무엇인가요?

이 : 비온후의 목표는 거대 출판사가 되는 건 아니에요. 지역에 있는 동네에 있는 작은 책방. 세상에서 그렇게 주목받지 않는 사람들 중에서도 좋은 글을 쓰는 사람들도 있고, 재밌는 이야기를 많이 가진 사람들도 있잖아요. 그러한 사람들과 함께하는 '소소한 출판사' 그게 '비온후'의 목표인 것 같아요.

김 : '책 만드는 작업실'이라고 제가 앞에 타이틀이 되어 있는데, 이게 딱 '비온후' 성격에 맞는 것 같아요.

이 : '비온후'가 추구하는 목표도 그렇고, 그런 식으로 계속 유지되고, 재밌는 사람들과 재밌게 책을 만드는 게 목표죠.

김 : 좋은 책은 디자인만 좋아서 되는 건 아니죠. 부산에 관련된 책을 계속 만들고 싶어요. 언제까지 할지는 모르겠지만.

에필로그

첫 만남의 서먹함은 따뜻한 커피 한잔으로 사르르 녹고, 모서리가 뾰족뾰족한 책 이야기로 시작해서 둥글둥글한 인생 이야기로 흘러갔다. 짧은 인연에도 그냥 못 보내고, 따뜻한 밥 한 끼 함께하자며 인터뷰를 마무리 하고 두 분의 단골집으로 향했다. 그곳에서 우리의 이야기는 다시 시작되었다.

* 출판사 비온후 _ https://www.beonwhobook.com
'비온후'의 책들 _ 〈소설로 찾아가는 그날들〉, 〈나를 찾아 떠나는 부산 순례길〉, 〈부산, 영화로 이야기하다〉, 〈청춘, 부산에 살다〉, 〈한밤의 아이스크림 트럭〉, 〈부산 원도심에서 사람을 만나다〉, 〈고양이들은 어디로 갔을까?〉, 〈터널과 다리의 도시, 부산〉, 〈참죽나무서랍〉, 〈후쿠오카 밖에서 안으로〉, 〈빨간 벽돌창고와 노란전차〉, 〈짓는 의자〉, 〈줄탁 啐啄〉, 〈쿠바에 가면 쿠바가 된다〉, 〈나는 도시에 산다〉

INTERVIEW

잡지
뷰직페이퍼

인터뷰하고 사진 찍고 글 쓰고 디자인한 사람
강수인 김지홍 박소영 박영미 박현영 이유진

부산음악전문잡지
[뷰직페이퍼(BUSIC Paper)]
인터뷰_
돈이냐 자아실현이냐

프롤로그

매주 화요일 저녁마다 수영역에 위치한 문화매개 공간 쌈에서는 우리 지역 문화예술가와 시민들의 만남이 이어지고 있다. 올해 들어 가장 춥다는 1월의 어느 날, 시민들과 만남을 위해 김혜린 편집장이 이곳을 찾았다. 자신의 길을 분명히 알고 있는 듯 확신에 찬 그녀의 모습은 창문 밖 한껏 웅크린 채로 종종걸음으로 갈 길을 가는 사람들과 유독 대조되어 보였다. 아래는 그와의 일문일답.

뷰직페이퍼의 의미가 궁금합니다.

부산의 B와 음악이라는 뜻의 Music을 합쳐 뷰직이라는 단어를 만들었어요. 페이퍼는 꼭 종이 잡지를 만들고 싶다는 의미에서 붙였죠. 사실 종이 잡지가 인쇄비도 만만치 않거니와 웹진이 발달한 요즘 같은 시절에 무슨 종이 잡지냐? 하실 수도 있지만, 인터넷에 있는 수많은 정보가 전혀 필터링이 되지 않고 독자를 고려하지 않는 상황에서 우리는 정말 '제대로 된 정보다'라는 이야기가 하고 싶었습니다. 덧붙이자면, 제대로 된 정보를 딱 모아서 손에 쥐어줄 수 있는 것으로, 그러니까 눈에 보이는 가시적인 무언가가 있었으면 좋겠다는 마음과 저희의 의지가 담긴 표현이라고 보시면 됩니다.

그냥 나온 이름이 아니군요.

네, 제가 예전에 친구들과 놀 때 작명을 많이 했어요. 이것저것 많이 써놓고 버리고 버리는 과정을 통해 나온 이름이에요.

잡지는 어떠한 계기로 만들게 되셨나요?

언제부터 이야기해야 할까요? 저는 초등학교 2학년 때 신해철을 좋아했고, 중학생이 되어서는 넥스트를 좋아했어요. 고등학교에 가서는 언니네 이발관을 굉장히 좋아했구요. 그때가 아마 93년도 아니면 94년도 일 겁니다. 당시 홍대씬이 만들어지면서 '인디'라는 단어가 등장했고 '홍대 앞'이라든지 '인디씬'이런 것들이 유행하기 시작했어요. 저는 그 부류의 음악을 좋아했고 고등학생이 되면서는 공연을 보러 다니고 싶다는 욕망이 생겼어요. 그래서 부산대학교 앞에 공연을 보러 다녔는데, 진짜 좋더라고요. 대학에 가서는 공연 동아리를 했고, 공연을 하다 보니 공연이 좋아서 2006년도에 공연기획사에 취직했죠. 그러다 사회학과 대학원에 가게 되어 석사 논문을 '공연노동자의 노동생활'에 대해 썼어요. 이 논문을 쓰고 마음이 맞는 친구들이랑 2010년도에 '생활 기획공간 통'이라는 공간을 열고 우리 지역 공연을 기획하는 등 5년을 함께했죠. 저희 가 의도한 건 아니지만, 이 공간을 열고 부산에서 주목 받게 되었고요.

2011년도 회춘 프로젝트나 온천천 공연 등 많은 공연을 기획하고 운영하는데 제일 어려운 게 홍보였어요. 아무리 좋은 공연이나 가수여도 들어주는 사람이 없으면 아무런 의미가 없거든요. 정말 좋은 가수인데 아무도 안 와서 끝날 때마다 허탈했어요. 그래서 우리 지역에서 공연 홍보가 부족하다는 현실을 선배님들과 공유하게 됐어요. 물론 카 페나 SNS 등 인터넷을 통해 홍보하는 방법도 있었지만 그건 홍보 효과도 크지 않을뿐 더러 저는 공연을 좋아하는 사람들이 선별된 정보를 함께 볼 수 있는 매체가 있으면 좋 지 않겠나 생각했어요. 사실 저는 많은 사람들에게 제안을 했었는데, 안 하시더라고요. 입 아파서 제가 했습니다

원래 목마른 사람이 우물을 판다고 하더라고요.

맞아요, 제가 그런 경우죠. 답답한 사람이 우물을 판다고, 제가 먼저 팠습니다. 계기를 너무 길게 잡았나 싶은데 초등학교 2학년 때 신해철로부터 발현된 게 사실이에요. 그때 부터 음악과 저 사이에서 시작된 여러 영향이 여기까지 오게 한 것 같습니다.

모티브가 된 잡지가 있나요?

모티브가 된 잡지는 없어요. 사실 저는 그렇게 잡지를 좋아하지 않아요. (웃음) 잡지는 정기적으로 나오잖아요. 읽기 부담스러워요. 그런데도 만들게 된 건 부산에 있는 여러 음악가들과 좋은 공연들을 정리해 알려줘야겠다는 생각이 들어서에요.

현재 구성원은 어떻게 되나요?

일단 저희 잡지에 글을 쓰는 필진들이 있는데 회사처럼 출퇴근하는 정기적인 조직이 아니다 보니까 애매하네요. 저는 구성원이라고 생각하는데 그분들은 소속감을 느끼고 있는지 아닌지 잘 모르겠어요. 그래서 제가 밖에 나와서 이렇게 이야기해도 되나 싶고요. 그리고 디자인하는 분들이 계시는데, 자주 바뀌어서 문제고요. 저희 팟캐스트가 있어서 DJ랑 편집하는 분, 또 저희 공연하는데 공연 기획자 만들어보려고 애쓰는 중입니다. 이 자리는 있다가 없다가 하네요.

편집자의 역할은 구체적으로 무엇인가요?

제 개인적인 경험을 비추어봤을 때, 일단 편집자는 전체적인 틀을 짭니다. 이번 호의 방향이라든지, 올해의 방향이라든지. 작년을 예로 들면 올해 1년을 큰 틀로 잡고 호별로 줄기를 잡았고요. 그 다음엔 의뢰를 하는 거죠. 고정 코너는 올해는 이런 컨셉이면 좋을 것 같다든지 하는 요청을 6주에서 한 달 전에 필진들에게 요청합니다. 그사이에 들어온 인터뷰는 다 녹취하고 원고 정리까지 제가 다 하고요. 디자이너가 디자인을 잡으면 피드백하고 인쇄소 가서 판 올라가는 거 보고 인쇄가 되면 받아와서 정리하죠. 우편으로 보내고 나면 두 달이 갑니다.

하지만 부산이라는 지역적인 한계가 있잖아요.
부산에도 그런 콘텐츠가 많을까요?

정말 많아요. 제가 처음에 잡지 한다고 했을 때 주변에서 '너 언제까지 할 수 있겠냐'라고 하시는 분들이 매우 많았거든요. 제가 하고 싶을 때까지 할 수 있을 거라고 했어요. 특히 기자 분들이 그런 질문 많이 하세요. '이거 내용 없지 않냐'고, 하지만 저는 지금도 제가 하고 싶을 때까지는 계속할 수 있을 거라는 확신이 있죠.

총 2달이 걸리는군요.

네, 총 두 달 과정입니다. 보통 8주에서 9주 정도 걸리네요.

음악이나 공연을 주제로 소재의 빈곤이나 고갈을 느끼신 적은 없나요?

전혀 느낀 적 없습니다. 이건 앞으로도 쭉 없을 것 같아요. 원래 음악이 매력적인 콘텐츠고요. 다만 지속하는 게 힘들 뿐이지 하려는 사람들도 많아요. 앞으로도 늘 많을 거고요. 그래서 콘텐츠가 빈곤해질 거라는 생각은 전혀 하지 않습니다.

특별히 애착이 가는 기사가 있나요?

잡지가 지금까지 14호가 나왔는데 햇수로 따지면 3년이 됐어요. 이 3년이라는 시간 동안 14권의 책을 내면서 가장 아까웠던 기사가 책마다 2개씩 들어가 있어요. 각각 기사는 아니고 그 당시에 활동했던 사람들의 이야기를 정리해서 쓴 인터뷰 기사인데 제가 직접 이야기를 듣고 정리했거든요. 잡지라는 매체의 성격상 시간이 지나면 지나 가버린다는 느낌이 있잖아요. 그게 좀 아까워서 단행본으로 만들고 싶어서 준비하고 있어요. 그런데 준비하다 보니 흘려보내기엔 아까운 기사들이 제법 있어서 그걸 해마다 한 권씩은 단행본으로 만들어야겠다는 생각이 들더라고요. 거의 완성해서 정리하는 단계입니다. 다음 단행본은 저희 잡지에 부산 펑크의 역사를 정리해주는 코너인 'Die or DIY'에 올해에 쓰게 될 내용과 잡지에 들어가지 않은 글을 넣어서 내보려고 합니다. 그래서 지금은 'Die or DIY'라는 코너의 글과 제가 썼던 인터뷰 기사들이 소중하게 느껴지네요.

주목할 만한 부산공연이나 지역음악가를 소개한다면요?

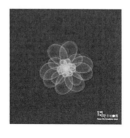

일렉펀트   동백락원   진저레코드

제가 자꾸 똑같은 팀만 소개해서 편애라는 이야기를 많이 듣는데(웃음). 오늘은 좀 다른 팀을 소개해야겠네요. 최근에 '저 친구들 진짜 잘하네' 는 팀이 있어요. '일렉펀트' 라는 밴드인데, 이름에서 보이듯이 전기 코끼리라는 뜻이에요. 요새 그 친구들 무대를 보면 와, 장난 아니게 잘하더라고요. 놀라운 건 그 친구들이 지금 3년 차 밴드인데 갈수록 더 좋아요. 지난 공연보다 이번 공연이 더 좋고, 합도 잘 맞고 연주곡도 좋아서 추천해 드리고 싶네요.

추천해 드리고 싶은 공연 브랜드는 너무 많은데 그중 몇 개만 소개를 해드리자면, 해외 교류를 꾸준히 하는 '절정천'이라는 공연이에요. 부산과 후쿠오카를 오가며 공연을 진행하는데 경성대의 리얼라이즈(대연동에 위치한 라이브클럽)와 후쿠오카의 클럽 요지겐(라이브 하우스 4차원)에서 공연을 공동 기획하고 각각 2번씩 공연을 진행하고 있어요. 이걸 약 4년 정도 진행하고 있는데 저는 이 공연이 해외 네트워크 차원에서 중요한 공연이라고 생각해요. 비슷한 예로 부산에 있는 진저레코드라는 레이블이 '진저원티드 라이브'라는 공연을 해요. 서울에 있는 음악가 중에 같은 무대에 서고 싶은 팀을 불러서 공연하는 거죠. 단순히 인기가 많은 팀을 부르는 게 아니라 정말 교류하고 싶은 팀을 불러와서 같이 공연하는 거라 그 나름대로 의미가 있지 않나 싶어요. 클럽투어는 작년부터 안 하고 있긴 한데, 예전에 제가 처음 부산대학교 앞에 갔을 때 봤던 공연이 클럽투어였어요. 그때 퀸이라는 클럽이 있었는데 그 클럽이 2000년대에 사라졌죠. 하지만 그 이후에도 클럽투어의 명맥을 이어왔었어요. 그래서 전 부산대학교 앞의 클럽투어가 나름대로 역사와 전통이 있는 클럽투어라고 생각해요.

동백락원이라고 있어요. 부산의 시화인 동백꽃과 낙원의 樂을 붙여서 동백락원이라는 공연 브랜드가 있는데, 그것도 괜찮고 꽤 오래됐거든요. 2010년부터 시작해서 지역 팀들을 모아 공연하는 거라서. 역시 제일 중요한 건 뷰직라이브라고요. 작년에 2번, 총 3번을 했고 올해 3번 할 거예요. 많이 만나고 신보도 열심히 찾아 듣고 하니까 엄선한 공연들입니다.

지역 잡지에 광고하려는 분들이 많이 없어서 힘들진 않나요?

전혀 힘들지 않아요. 저희는 아직 광고를 싣지 않고 있어요. 그런데 얼마 전에 어떤 분이 광고비 주신다고 하기에 다음 호에서는 광고를 하지 않을까 해요.

창간 초기보다 배포처가 늘었는데 비결이 뭔가요?

요즘엔 먼저 연락 오시는 데도 있고요. 작년에 독립서점에 연락한 적이 있어요. 메일을 돌렸거든요. 원하시면 보내겠다 해서 연락 오면 보내는 데도 있고요. 지금은 독립서점이 많은 편이에요. 20권씩 보냅니다. 그리고 연락이 오면 하나 둘씩 보냅니다.

지역 출판물을 부산에서 발행하는 의미가 있나요?

잡지가 부산에서 할 수밖에 없는 거니까. 그 의미에 대해선 잘 모르겠습니다. 저는 출판사를 하려고 한 게 아니라 음악을 알려야겠다는 생각에서 하는 거니까요. 출판 워크숍과는 크게 연관이 없다는 생각과, 그래도 출판을 하고 있다는 생각이 들기도 하지만, 출판에 큰 의의를 두고 있지는 않습니다.

인터넷에서 접하는 정보와 종이 잡지에서 접하는 정보는 콘텐츠를 대하는 태도가 다를 거 같아요.

제가 그렇거든요. 논문 읽을 때 컴퓨터에서 못 보겠어요. 저는 프린트해서 줄 치면서 봐야 하거든요. 전 그게 좋아요. 인터넷에서 하는 건 확인하는 정도의 수준이지 읽고 생각하고는 잘 안 되는 거 같아서요.

따로 작업실이 없다고 들었는데, 작업이 불편하다거나 작업이 원활하게 안 돌아간다거나 창고처럼 변하진 않으신가요?

없습니다. 저는 2000부를 찍거든요. 찍고 나서 바로 1400부가 나가고 600부가 남아요. 그걸 빨리 소진하기 위해서 애쓰는 편이에요. 집에 쌓여있는 상자를 못 보겠어요. 저는 빨리빨리 해치우는 편이라서 더러워지지 않아요. 괜찮습니다.

어떻게 운영하세요? 사비로도 메꾸시는 부분이 있죠?

당연하죠. 지원금으로 다 안 되죠. 고료, 사진비도 다 드려야 한다고 생각하고요. 지원금으로 할 수 있는 항목이 있고, 할 수 없는 항목들이 있잖아요. 할 수 있는 항목들이 있으면 그걸로 하려고 하고, 할 수 없는 항목들이 있으면 플러스하는 거고. 지원금으로 안 되는 거 있잖아요. 특히 술 먹는 거. 이거 진짜 중요한 일이거든요. 대화하는 거.

잡지를 대표할 키워드 3가지는요?

부산, 음악, 공연입니다.

하시고 계신 게 많으시죠?

많지는 않고요. 이것저것 하고 있어요. 되는대로, 능력대로, 힘닿는대로 돈 벌 수 있으면 벌고 아니면 말고. 재미있어 보이는 거 하고, 돈 많이 주는 거하고. 돈 많이 주는 게 제일 좋아요. 하지만 뷰직페이퍼가 제 메인이죠. 3년 차 되었고, 2018년에는 4년 차 되었어요. 예전에는 언제까지 해야 하나 심각하게 고민했는데, 지금은 무겁게 생각하지 않으려고 해요. 왜냐면 한 달 쉴 수도 있지, 하고 넘어가고, 일 년을 쉴 수도, 평생을 쉴 수도 있다고 생각해요. 사이트도 남아있고 사람들도 남아있고 그럼 됐죠. 그렇게 생각하려고요. 편안하게 누가 하려고 한다면 기꺼이 주려고 해요.

편집장님은 잡지를 통해 자아실현을 해야겠다고 하셨죠.
현재 출판을 꿈꾸는 많은 분들이 현실적인 문제로 고민하고 있어요.
그 분들에게 한마디 조언 부탁드립니다.

자아실현의 문제는 길고요. 공연 노동자로 석사논문을 썼는데요. '공연산업 종사자의 노동생활에 관한 연구, 열정과 현실 사이에서' 라는 게 전체 제목이거든요. 임금체불이 현실이었고 열정이 자아실현이었어요. 그래서 논문을 쓰는 내내 결론이 뭐냐고 교수님이 질문하시는 거예요. 공연 노동으로 돈을 많이 벌고 싶은 거냐? 결국에는 제가 찾은 게, 제가 마르크스를 되게 좋아해요. 제 논문의 이론적 배경이 마르크스 인데, 마르크스의 공산당선언에 '자아실현'이라는 단어가 나와요. 노동자는 자아실현을 할 수 있다고요. 그걸 가져다가 논문에 썼어요. 해야 한다, 가능하다, 원래는 불가능하다. 원래는 자본주의가 들어오면서 불가능하다는 이야기를 하고 있었는데, 마르크스가 그게 가능하다고 이야기를 한 거예요. 그렇게 석사학위를 받고 자아실현에 관해서 쏠 때 같이 석사 논문을 받은 친구들끼리 도대체 자아실현이 뭘까? 노동을 통해서 자아실현이 가능한가? 라는 이야기들을 했는데 수많은 것들의 결론이 돈을 생각하지 않으면 가능할 수도 있겠다. 돈을 빼고 생각하면 가능할 것이라는 결론이 난 거죠.

그렇지만 돈을 빼고선 살아갈 순 없잖아요.

돈을 빼고 살아갈 순 없지만, 자아실현을 하겠다는 테두리 안에서 돈이라는 변수를 빼고 생각하면 가능할 수도 있다는 결론이 납니다. 제가 거기서 노동을 통한 자아실현이 가능하다고 써요. 돈은 저 개인적으로 제 삶에서 안 중요하다고 이야기하면 안 되는데, 죽지 않을 정도로만 있으면 괜찮다는 결론을 내렸고요. 잡지를 하는데 부담이 많았거든요. 내가 하고 싶어서 시작했는데 의무가 되어가는 느낌이 많이 들었어요. 이 의무를 버리고 이걸 통해서 무언가를 할 수 있겠다는 이야기를 쓴 거예요. 만약 여러 가지 사회적인 제약, 특히 돈의 문제가 걸림돌이라고 하면, 이 자아실현은 돈이 포함되지 않은 이야기기 때문에 팁을 드릴 수 있는 게 없다고 생각합니다. 작년 재작년까지는 잡지가 저를 이용하고 있고 제가 희생하고 있다고 생각했어요. 이제는 역으로, 내가 저걸 이용해야겠다는 생각이 들어요. 약간의 인지도도 생겼고요. 사람들도 많이 알게되고 잡지를 통해서 일들도 들어오기 시작했어요. 그래서 이젠 '내가 저걸 딛고 일어서야지'라는 생각이 들더라고요. 어려운 이야기인데 중구난방 정리가 안되네요. 돈을 고려하지 않는 과정을 통해서 즐거움을 찾고 그걸 통해서 나를 찾으면 그것이 자아실현 아닐까요.

"제가 마르크스 할아버지를 되게 좋아해요.
제 논문의 배경이 마르크스인데,
〈공산당선언〉의 끝부분에
'자아실현'이라는 단어가 나와요.
옛날이야기라서
'노동자'라는 단어가 나오는데요,
'노동자는 자아실현을 할 수 있다'라는
내용이 있어요."

에필로그

김혜린 편집장은 한 분야에 대한 깊은 관심과 애정으로 잡지를 만들고 이를 지속해나가고 있다. 힘들지 않냐는 막연한 질문에 단순 명료하게 힘들지 않다고 대답한다.

필자는 그를 보며 좋아하는 일을 하며 자아실현을 하기 위해서는 실패를 할지라도 확신에 찬 행동을 하는 것이 필요하다고 느꼈다. 우리는 각자의 변수 앞에서 어떤 선택을 하고 어떻게 헤쳐나갈지 궁금해진다.

* 부산음악전문잡지 〈뷰직페이퍼〉_http://busicpaper.com/
팟캐스트 〈뷰직캐스트〉

PROJECT

부산⁺
잡지

기획하고 취재하고 글 쓰고 디자인한 사람
강수인 김지홍 박소영 박영미 박현영 이유진

부산
잡지

종이로 만나는
부산 이야기

뷰직
페이퍼_

발행처	**뷰직페이퍼**
홈페이지	**www.busicpaper.com**
특징	**2015년 6월 창간한 전국 유일의 지역음악잡지로 부산, 음악, 공연을 키워드로 구성된 잡지이다. 공연소식, 밴드 소개 등 인디음악에 대한 정보들이 가득하다.**
배부처	**무가지. 소규모 책방, 부산 각지 문화공간**

지잡

발행처   **지잡**

홈페이지   **www.facebook.com/zizapkr**

특징   **'지잡'은 '잡지'를 거꾸로 한 말 또는 '지역 잡대생'을 줄인 말로, 지역 청년들이 직접 참여해서 만든다. 무거운 사회문제부터 알면 좋을 소소한 정보까지 알뜰하게 모아 놓은 청년잡지이다**

배부처   **부산지역 일부 대학 캠퍼스, 구독신청**

인디고잉

발행처   인디고서원

홈페이지   **www.indigoground.net**

특징   청소년들이 직접 기획하고 만드는 국내 유일의 청소년 인문교양지다. 청소년들이 갖추어야 할 도덕적 품성과 예술적 감성, 비판적 지성을 기를 수 있는 내용으로, 매 호마다 진실하게 다루고 싶은 주제를 선정해서 6개의 테마로 나누어 만든다.

배부처   인디고 서원, 국가 공인 지역아동센터, 공부방, 작은 도서관 등

비클립

발행처	도서출판 비온후
홈페이지	www.beonwhobook.com
특징	미술, 음악, 건축 등 지역 예술인을 소개하는 문화예술 잡지로, 주류·최고(A)가 아닌 비주류·2인자(B)를 지향한다는 의미를 지니고 있다. 매호 500부 한정으로, 모두 수작업으로 제본한다.
배부처	무가지, 부산지역 문화공간, 홈페이지에 e-book 공개

4계절의
편지

발행처   귀를닫은토끼

홈페이지   www.kidotto.com

특징   독자들이 주고받은 다양한 편지를 제보받아 소개하는 연 2회 발행되는 정기간행물이다. 실제 독자들이 진심을 담아 쓴 편지라 에세이와는 또 다른 감동을 주는 잡지다.

배부처   전국 독립서점

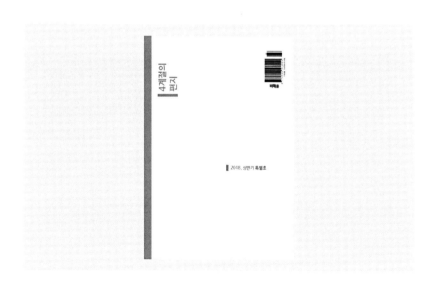

연극비평지
봄

발행처	**연극비평지 봄**
홈페이지	-
특징	부산 연극인이 직접 만든 연극 비평지로 출발해, 올해부터는 무용 리뷰를 포함했고 앞으로 다양한 공연 비평을 다루려고 하고 있다.
배부처	시민회관, 문화회관, 부산지역 문화공간

다시부산

발행처 **다시부산**

홈페이지 -

특징 살아있는 부산의 소식을 담은 계간지로 2017년 창간호를 시
작으로 맛집, 여행지 등 부산에 대한 다채로운 단상과 부산 사
람들도 잘 모르는 부산 구석구석의 이야기가 담겨있다..

배부처 **소규모 책방**

지푸라기

발행처   문화공간 두잇

홈페이지   **cafe.bookple.com**

특징   순수 아마추어의 손에서 탄생한 소중한 글이라는 의미를 지
                 닌 '지푸라기'는 에세이, 시, 캘리그라피, 그림 등 아마추어 작
                 가들의 작품들을 모은 잡지형 문집이다. 기획부터 편집, 인쇄
                 까지 모두 일반 시민들이 직접 제작에 동참한다.

배부처   문화공간 두잇, 구독신청

INTERVIEW

서점
카프카의 밤

인터뷰하고 사진 찍고 글 쓰고 디자인한 사람
손희정 안나령 임미화 최수연

독립서점 interview

카프카의 밤

이 시대의

모든 카프카를

응원하며.....

바람 덕분에 추위가 더 느껴지는 1월 마지막 날

연산동 일반 가정집이 즐비한 골목을 따라가다 보면
아주 오래된 건물이 나온다.

연산도서관, 그 바로 앞, 초록색 차양 간판에 선명하게
'카프카의 밤'이 보인다.

도서관 앞 서점이라는 묘한 조합이 반갑다.

대형서점, 온라인서점들에 치여
동네의 작은 책방이 잘 견딜까 싶고,
책방에서 이루어지는 많은 모임들이
어떤 의미를 지니는지 궁금했다.

반갑게 인사를 나누고
따뜻한 커피와 주전부리부터 챙겨주는 책방지기.

이 작은 공간에서 비롯되는 모든 말, 생각, 활동 속에
결국은 '사람'이 함께하는 **계선이 대표**를 만났다.

대표님 소개 좀 해주세요.

전 '계선이'라고 하고요, 책방을 2016년 11월에 열었으니까 만 2년 됐네요. 사회생활을 하다가 퇴사를 계기로 제 꿈인 출판 편집자를 하기 위해 서울에서 출판 교육을 받다가, 책을 만드는 기회를 가지게 됐어요. 그 책이 '우리, 독립책방'이라는 북노마드에서 나온 책이거든요. 이 책을 인터뷰하며 얻었던 책방 주인들의 에너지가 너무 좋았어요. 하고 싶은 일을 하고 살아도 괜찮다는 희망을 얻었고요, 책과 함께 하는 삶을 놓지 않으려면 책방을 하는 방법도 괜찮겠다 싶어 차리게 되었죠.

책방 운영이 어려운 걸 아실 텐데 걱정은 안 하셨어요?

책방들 인터뷰를 해보니까 다들 투잡을 해서 운영하고 계시더라고요. 그냥 나도 그런 식으로 하면 되겠다. 이렇게 생각했죠. 다른 일 할 때는 '언제 그만두고 하고 싶은 일 할 수 있을까'라는 고민을 계속했어요. 하지만 인터뷰를 하다 보니 대부분 책방 주인의 고민이 '어떻게 이 일을 계속 유지하기 위해 다른 일을 좀 더 할 수 있을까'라는 걸 알게 되었죠. 자기가 하고 싶은 일을 잘 유지하기 위해 다른 수단을 끌어 붙이는 거예요. 그런 고민이 정말 좋더라고요. 그 정도면 나도 열어놓고 생각해보자, 그래서 '카프카의 밤'을 열었죠.

**드로잉, 일본어, 출판 관련의 다양한 모임들이
서점의 매출이나 다른 서점에 영향을 끼치나요?**

아무래도 영향을 끼쳐요. 그런 목적으로 하는 것도 있고요. 참여자들이 필요한 책을 주문하기도 하니까 서점 매출에 도움이 돼요. 클래스를 열 때도 강사와 비율에 따라 수익금을 나누기도 하고. 여러모로 도움이 되죠.

서점을 열고 난 후에 지역 문화가 활성화됐다던가 하는 변화가 있었나요?

동네 분들과 도서관 사서 분들이 한 번씩 들어와서 '서점이 생겨서 좋다' 이런 말 해
주시는 경우는 있었어요. 내가 얼마나 동네 주민들에게 필요한 서비스를 제공하느
냐, 이런 부분에서는 저도 조금 의심이 들어요. 그냥 제 취향의 책들을 갖다 놓고 파
니까요. 그런 의미에서 동네 책방이 동네 주민에게 딱 필요한 밀착형 서점인가, 하
는 점에서는 사실 좀 갸우뚱해요. 그런 역할을 해주는 서점이 있기도 한데, 그건 제
가 할 수 없는 영역인 것 같아요. 책방이 있는 동네는 우선, 제가 좋아하고, 책 좋아
하시는 분들은 좋아하시지 않을까 생각해요.

책을 주로 어떻게 입고하나요? 그리고 책을 선정하시는 기준이 있나요?

B급. 정말 자기 이야기를 담은 독특한 책, 남 의식 안 하고 자기 하고 싶은 말을 썼구
나 하는 그런 내용의 책들, 이런 책들을 좋아해서 그런 책들을 발견하거나, 누군가가
알려주면 바로 저희가 입고요청을 직접 드리는 편이에요. 요새는 독립출판물 제작
자들이 많아서 그분들이 전국 서점에 메일로 요청해 주시는 경우가 많아요. '자기 책
이런 거 냈다', '입고 좀 해줄 수 있겠느냐?' 뭐 이렇게 연락이 와요.

특히 우리나라 독립출판물이 파격적이고 세련된 디자인에만 중점을 두는 것 같은데요, 내용이 부족하다는 의견도 많이 있어요. 어떻게 생각하시나요?

케이스 바이 케이스지만, 기성 출판사로 책을 내도 되는데 굳이 본인이 하고 싶은 말이 있어서 최대한 솔직하고 가감 없이, 그리고 가볍게 부담감을 털어내고 독립출판물을 제작하는 작가들이 있어요. 책을 베스트셀러로 만들어야 된다는 강박보다도 자신들이 즐거워서 내는 책들이 굉장히 많아요. 그런 과정을 즐기면서 가벼운 출판물들이 많으면 좀 좋지 않을까 생각해요.

**서울이나 대구에 비해 규모가 크지 않은데,
부산에서 서점을 한다는 것은 어떤 의미가 있나요?**

들은 얘기지만 와 닿는 말이 있어요. 작년 독서 문화 축제에서 부산의 오래된 서점 '문우당서점', '책과 아이들' 대표님을 만났는데 그분들은 대단한 자부심을 가지고 계셨어요. 한때 어린이 문학 서점이 붐이 일어 많이 생겼다가 없어질 때도 부산에서 일곱 군데가 운영을 유지했다고 해요. 전국적으로 그런 곳이 없다고 하시면서 부산이 그런 면에서 저력이 있는 곳이라고 얘기하셨는데, 공감 많이 했어요.

부산만의 저력이 있다고 하셨는데, 그런 것을 직접 느낀 적이 있나요?

인구 대비해서, 부산에 서점이 더 많이 생겨야 하지만, 부산이라는 지역은 책 문화에 대한 저력은 있구나 하는 것을 느꼈어요. 서울에서 출판 관련 행사에 오시는 출판사 대표님이나 작가님들도 열의가 엄청나고 에너지가 너무 좋다고 하셔요. 부산이 확실히 그런 면이 있는 것 같아요. 서울은 이미 포화상태고 이런 서점이나 행사가 많은데 비해 부산은 아직은 문화적 워크숍이나 배울 수 있는 기회들이 많지 않아요. 출판 관련 워크숍들도 이제 시작하는 분위긴데, 거기에 부산 특유의 에너지가 결합되어 있는 상태인 것 같아요. 독서문화 축제에서도 그전에는 부산 서점들 간의 교류가 거의 없었다가, 최근 1~2년 사이에 같이 뭔가 해보자 하는 흐름이 생겼어요. 그런 면에서도 살짝 뭔가 생겨나고 있는 시즌인 것 같아요.

쉽지 않을 텐데 책방 운영을 어떻게 하시나요?

수익은 거의 없다고 보시면 돼요(웃음). 진짜 운영비만 나오는 거죠. 그래도 그나마 여기가 점포치고는 싼 거예요. 서점의 좋은 점이 일단 다른 운영비가 많이 안 들더라고요. 책이야 어쨌든 계속 돌리는 거고 고정비가 월세 외에는 큰 게 없어요. 책마다 마진은 다르지만, 대략적으로 하루에 책을 세 권만 팔자 딱 그 정도만 생각하고 열었어요. 그 나머지 내 인건비는 알바를 해서 벌든지, 그런 계산으로 그냥 열었던 거라서 사실 지금은 수익이 나는 상태는 전혀 아니고, 그냥, 운영비.

이렇게 힘들게 운영하고 계시는데,
그래도 계속 유지를 해야겠다 마음먹고 계신 궁극적인 목적이 있을까요?

그냥 좋아서요(웃음). 어떻게든 이 짓을 계속해야 되겠다, 계속하고 싶은데, 어떤 방법이 없을까? 제가 사람 만나는 것도 좋아하고, 얘기 듣는 거 좋아하는데요, 그런 데서 저는 에너지를 많이 받거든요. 그것 때문에 책방을 열었어요. 개인적인 상황에서 오는 답답함이 있었거든요. 책방을 열어서 저의 뭔가를 나누고 싶었어요. 그럼 어떻게 해야 될까, 할 때, 마침 책이나 공간으로 누군가를 만날 수 있고, 전혀 다른 사람들을 만나 여러 가지를 할 수 있구나 싶었어요.

미디어가 독립서점을 다루는 방식에 대해 어떻게 생각하시나요?

아, 정말 어려운 지점이에요. 왜냐하면, 저도 '우리, 독립출판' 인터뷰를 했었잖아요, 그분들은 단지 자영업자로 서점에서 책을 팔 뿐인데, 매체들의 관심이 불편하다는 얘기가 있었어요. 이해도 갔어요. 저는 얘기 하는 걸 좋아하고 매체에 그래도 상당히 친화적인 인물이라. 책방을 한다는 이유로 정말 많은 제의를 받았거든요. 그게 제 나름대로 무척 신기하고, 이게 뭘까 고민했었죠. 그러다 보니 자영업 개념으로 하는 건데, 너무 문화적으로 풀려고 하는 게 조금 불편하다는 이전 인터뷰가 이해됐어요.

독립서점이 트렌디하다거나 이미지로써 소비되고 있다는 인식에 대해 어떻게 생각하시나요?

기존의 매체들이 독립서점이라는 공간을 너무 소비적으로 보는 것도 맞는 것 같아요. 얘기를 만들기 위해서 포장을 하는 것 같아요. 하지만 저는 매체가 이런 책방을 이슈화 하는 게 나쁘다고 생각은 안 하거든요. 어쨌든 이게 하나의 현상은 맞다고 생각해요. 책은 안 팔리는데 서점이 계속 늘어나는 건 분명히 현상이거든요.

이런 현상이 왜 나타난 것 같아요?

어디선가 이런 현상에 관한 걸 본 적이 있어요. '저성장 시대의 하나의 생활방식이 된 거다'라는 말에 저도 엄청 공감해요. 그냥, 좋은 거 하면서 소소하게 적게 벌고, 작게 하면서 그냥 좋아하는 일의 영역을 일상에서 넓히는 게 중요하다. 딱 이 마인드였어요.

**부산에 작은 책방들이 많은데,
혹시 다른 서점들과 함께 연계해서 하는 프로그램이 있나요?**

작년에 보수동 '낭독 서점 시집'을 운영하는 이민아 시인님이 영화의 전당에서 추리 영화제 때 영화와 추리에 관련된 책을 파는 '출장서점'을 해보자는 제안을 했어요. 시인님이 대형 서점이 아닌 작은 서점들이 같이하면 굉장히 의미 있는 행사가 되겠다, 하셔서 '카프카의 밤'을 비롯한 전포동 '책방밭개', 장전동 '아스트로북스', 보수동 독립출판물 전문서점 '오리책방' 등이 연합해서 출장서점을 하게 됐어요. 그런 행사를 두, 세 번 정도 하면서 서로 교류도 생겼어요. 원래 제가 좋아하는 서점들이 있었는데 서점 주인들이 다들 각자의 공간에만 있어서 만날 수 있는 기회가 많지 않았거든요. 그런 자리를 통해 같이 모여서 일해보자 하는 움직임이 작년부터 조금씩 생겨나고 있어요.

**요즘은 일반인들조차도 서점에 대한 관심이 높아요.
서점에 관련한 워크숍이 있으면 좋을 것 같은데 혹여 그런 계획이 있나요?**

한 번 한 적이 있어요. 보수동 책방골목 축제 때 이민아 시인의 초청으로 책방 주인들이 본인의 책방에 대한 실상과 책방을 하는 의미, 책방 운영의 어려움, 꿈꾸는 계획 등을 이야기하는 기회가 있었어요. 차후에도 그런 행사가 있을 것 같아요. 책방지기들이 생각하는 것을 아직은 본격적으로 시작하는 단계는 아니지만, 같이 무언가를 해보자하는 움직임은 많아요. 이전엔 독립출판물을 다루는 서점에서 제작자들이 책을 만들 수 있는 독립출판물 워크숍을 진행했었어요. 워크숍을 진행하는 책방들과 연계해서 작은 규모로 올해 말쯤 각자의 결과물이 나온다면 우리끼리 책 제작에 관한 설명회를 작게나마 해보자하는 이야기를 나눈 상태예요. 어, 추진해봐야겠네요.

지금 혹시 연계해서 진행 중인 프로젝트가 있으신가요?

지금은 전포동 '책방밭개', 부산 독서모임 '책방골목'과 공동으로 '지구적 세계문학'
이라는 인문학 독서 모임을 추진해서 회원을 모집하고 있어요. 같이 할 수 있는 일
을 계속 찾고 있는 중이에요.

대표님의 책을 출판할 계획은 있나요?

항상 개인적인 책을 내고 싶지만 아직 쓰지는 못했어요. 작년에 독립출판 스터디 멤
버였어요. 지금은 책방을 하면서 저녁에 콜센터 알바를 하고 있는데, 그 두 가지를
같이 엮어 책을 내고 싶어요. 한쪽에는 콜센터에서 있었던 일, 그리고 한쪽에는 낮
에 책으로 하고 있는 일, 이 두 가지를 엮어서 콜센터 감정노동자와 그때 나에게 영
감을 줬던 책 구절을 연계해서 책을 소개하는 서평 같은 것을 생각하고 있어요. 아
이디어만 있어요.

프란츠 카프카는 낮에는 평범한 직장인으로 생활했고, 밤에는 글을 썼다.
계선이 대표는 그가 이중생활을 했듯
밤 시간에 꿈을 향해 달리는 현대인들의 로망을 담아
'카프카의 밤'이라고 상호를 정했다고 했다.

우리 동네에 있는 작은 책방 '카프카의 밤'은 공간에서의 여러 활동을 통해
이 시대의 모든 카프카들의 밤을 응원하고 있는지도 모른다.

낮에는 생활 사업장으로서 책을 팔고,
밤에는 더 밝은 빛으로 카프카의 고독과 열정을 나누는 시간들이 있다.

우리의 꿈을 응원하고 지켜주는 든든한 백그라운드 '카프카의 밤'이 오랫동안
곁에 있을 수 있도록 낮과 밤을 더 많은 사람들이 함께 하기를 바란다.

INTERVIEW

서점
북:그러움

인터뷰하고 사진 찍고 글 쓰고 디자인한 사람
손희정 안나령 임미화 최수연

독립서점 interview
북 : 그러움

오롯이
나를
만나는 공간...

프롤로그

지독했던 한파의 기세가 조금은 누그러져 햇살이 따뜻했던 오후

전포 공구상가와 책방이라는 이질적인 풍경이 묘하게 잘 어울려 그 거리를 한층 빛나게 하는 책방 〈북:그러움〉을 찾았다.

전국에서 유명했다는 양지다방이 정체성을 지키며 사랑받은 것처럼 책방 **북:그러움** 김만국 대표가 자신만의 색깔을 담은 공간을 운영한지 7개월째다. 이제는 책과 사람을 이어주는 아늑하고 따뜻한 동네 책방이 되었다.

이 공간에서의 사람과 책 사이 그 수많은 이야기들을 만나 본다.

반갑습니다. 대표님 소개 부탁드립니다.

저는 '북:그리움'을 운영하고 있는 대표 '김만국'이라고 합니다.
가득 찰 만(滿), 나라 국(國)을 쓰고 있습니다. 온 나라를 가득 채운다는 뜻이죠.
지금 7개월째 서면 전포동에서 책방을 운영하고 있습니다.
나이는 서른셋이고요.

책방을 열게 된 계기는 무엇인가요?

원래 직장생활 4년 했어요. 직장을 다닐 때나 지금도 제 개인의 최대의 화두가 '
자기소개'를 잘하는 사람이 되고 싶은 거였어요. 저는 아직도 스스로 자기소개를
잘 못 하겠어요.
단순히 커리어에 대한 건 아니고요. 회사를 다니면서도 '김만국'이라는 사람이 누
굽니다 보다는 명함에 적힌 대로 '00에 다니는 누굽니다' 고 말하잖아요. 이런 거
말고는 제가 어떤 사람인지, 뭘 좋아하고 싫어하는지, 나중에 어떤 사람이 돼서 어
떻게 살고 싶은지를 명확히 세우지 못했어요. 남들처럼 대학 가고 취업하고 그렇게
흐르는 대로 살아왔어요. 이제는 그렇게 살면 안 되겠다, 바꿔야겠다 생각한 것이
직장 4년 차였고, 더 이상 미루면 안 될 것 같아 퇴사를 했어요.

여러 가능성이 열려 있었을 텐데,
그중에서도 독립서점을 하시게 된 동기가 있나요?

그때까지만 해도 이런 독립서점에 대해서 잘 몰랐고 퇴사를 하면 책방 해야지, 하는 생각도 당연히 못 했어요. 책방 한다고 했을 때 주변 사람들도 많이 만류했지만, 하다 보면 뭔가 길이 보이지 않을까 싶었습니다.

내가 두 손 가득 모래를 쥐고 있는데 더 많은 모래를 쥐고 싶다면 첫 번째로 해야 할 일이 쥐고 있는 모래를 다 놔야 하거든요. 일단 놔야 다시 쥘 수 있어서 다 놔 버렸습니다. 그래서 작년 1월에 밀린 연차와 휴가를 다 쓰면서 서울, 제주에 여행을 갔다가 독립서점의 존재를 알게 됐어요. 원래 퇴직금으로 배낭여행을 가려고 했는데 한정된 돈으로 배낭여행을 가고 싶은가, 서점을 해보고 싶은가 했을 때 독립서점, 처음으로 제 돈으로 제 의지를 갖고 해보고 싶다고 생각한 분야가 독립서점이었어요.

한 블록만 지나도 유명한 전포카페거리가 있잖아요.
외진 곳에다 2층에 차리게 된 이유가 있나요?

시세가 1층과 2배 이상 차이가 나니까, 2층에 차리게 된 거고요(웃음).

제가 제일 오래 머무는 공간이 될 텐데 저부터 맘에 들어야 한다는 거였어요.

대부분의 동네서점들은 현실적인 이유 때문에 평수가 작고, 셀프 인테리어를 해서 책을 다닥다닥 전시합니다. 것도 매력일 순 있지만 저는 작은 공간이 갑갑하게 느껴졌어요. 책만으로 수익을 낼 수 없어서 모임, 술, 음료를 처음부터 수익 모델로 생각을 했기 때문에 최소한 20~30평 정도, 월세는 최소한 100만 원 이하여야 했어요. 누구나 불러도 부담 없이 갈 수 있는 장소라서 서면(전포동)으로 정했고요. 알맞은 곳을 찾던 중에 양지다방이 매물을 내놨고 나름의 팬들을 보유하고 있었던 곳이라 앞으로가 기대되는 곳이라서 선택했죠. 양지다방이 워낙 성공적인 선례를 남겼기 때문에 크게 걱정은 안 했어요. 좋든 싫든 양지 다방의 영향을 많이 받았죠. 그분들의 근성 있는 장사 철학을 보고 마음을 넓게 가지고 시작할 수 있었어요.

중요한 건 나의 리듬을 가지고 사람들에게 이야기하는 거란 말씀같아요. 커피와 술을 파는, 벤치마케팅 할 만한 국내에 서점들이 있었나요?

다 국내였습니다. 커피는 오히려 더 많았고, 술은 말씀하신 연희동 '책바'나 상암동의 '북바이북'이나 '북바이북'도 처음엔 생맥주랑 라면, 과자 이렇게 시작을 했다고 해요. 지금이야 강연회나 콘텐츠 위주로 밀어붙이고 있지만 거기도 시작은 술이었고요. 그런데 굳이 멀리 갈 필요가 없는 게 그런 분들도 십 수 년 전 이미 일본에서 시작된 모델을 가져온 거거든요.저는 2차로 한번 필터링 된 것을 손쉽게 가져온 거예요.

7개월이 지난 지금, 술과 커피를 파는 것에 대해 자체 평가하신다면요?

지금은 뭐라도 더 팔아야 되지 않을까 싶을 정도예요. 책 판매만으로는 어렵다는 걸 뼈저리게 몸소 체험하고 있습니다. 커피랑 술을 조금 더 연구를 하고 들어올 걸 하는 생각을 하면 참 아쉬워요. 우리 손님들은 워낙 책에 대해 잘 아는 분들이라서 제가 큐레이션을 하면 되거든요. 창업했던 그 시절로 돌아간다면 한정된 시간 안에서 책보다는 음료에 대해서 좀 더 연구를 하고 들어왔을 것 같아요. 이왕 어차피 음료를 팔 거면 음료도 제대로 하고 책도 제대로 할 수 있는 그게 필요한 건데 오히려 작가님도 뵙고 이러면서 자연스럽게 저만의 취향이 생기고 들여야겠다는 책은 선별이 되는데, 음료는 당장 제가 혼자서 이거 하자, 이렇게 해 보자 하기가 쉽지가 않더라고요. 하지만 그 점이 아쉬울 정도로 음료랑 술 판매는 너무나 잘한, 당연한 거였다고 생각하고 있어요.

음료랑 술을 같이 파는 서점의 경우에 서점이 가지고 있는 본래의 기능이 뒤로 밀려나는 건 아닌가? 라는 걱정을 하시는데, 어떻게 생각하시나요?

이미, 4~5년 전 서울에서 그런 모델의 가게들이 나왔을 때부터 지적을 받았던 걸로 알고 있어요. 저는 항상 되물어보고 싶습니다. 그러면 당신은 그 서점이 뒤로 밀리니 마니 우리나라 성인 열 E 준 것이 뭐가 있느냐고요.
요즘 편의점에서 택배, 오뎅도 팔고, 별의별 것을 다 팔지 않습니까. 시대가 변했습니다. 어쨌든 이런 도움이 되는 것들을 끌어와서 서점을 하고 있는 분들의 첫 번째 원칙은 똑같을 것 같아요. 책을 좀 더 쉽게 접하게 하고 좀 더 많은 이들이 읽게 하려고 하는 거죠. 그 마음은 제일 중요하고, 확실하다고 생각하기 때문에 책이 뒤로 밀린다고 하는 것은 어불성설이라고 생각합니다.

서점을 둘러 보니까 '북:그러움 약국'이라는 코너가 무척 신선해요. 일종의 독서치료 같기도 합니다. 어떤 기획인지요?

그냥 해 봤습니다. 제가 제일 재밌게 여기는 기획 중에 하나죠. 그러니까 기존의 표지, 책을 가린 블라인드 북이라는 형태와 독서 치료, 혹은 책 처방 그런 거를 결합한 건데, 예를 들어서 서울에 '사적인 서점'에서는 매주 예약을 해서 책 처방을 해 주고 있고, 부산대의 '마들렌 북샵'은 예쁘게 포장을 해서 블라인드 북으로 팔고도 있고, 경주의 '어서어서 책방'은 여기보다 더 엔틱한 느낌의 약 봉투예요. 저는 각각을 따와서 저런 형식으로 해 보자 해서 일본에서 먼저 한 것을 조금 더 제 스타일로 바꿨습니다.

'북덕북덕'이라던지 '북그부끄', 이런 명칭이 톡톡 튀는 느낌이더라고요, 와글와글 이런 느낌으로 쓰는 걸 조금 더 책이랑 가깝게 바꾸어 여기만의 스타일로 기획을 하신 거잖아요.

어렸을 때부터 말장난을 워낙 좋아했어요. 책방 이름이 북:그러움이니까 비슷한 의성어, 의태어로 나름 하나의 브랜딩화를 시키고 싶었어요.
북덕북덕이 자연스럽게 북:그러움으로 연결되고, 북:그러움이 영화모임 북그부끄로 이어지면서 계속 이렇게 연관 지어 떠올릴 수 있도록 하는 거죠. 그래서 책은 잘 안 읽고 영화 모임 때문에 왔지만, 어, 북덕북덕도 있네, 서개팅(책서+소개팅의 합성어)도 있네 하면서 관심 가질 수 있다고 봐요. 제가 일 년이든 삼 년이든 이 책방을 하는 동안 제 나름의 기획력을 계속 시도해 보고 싶어요.

북그러움 백일장은 공감 가는 글들에 코멘트를 달게끔 참여를 유도하는 코너인 것 같아요, 이 코너를 어떻게 운영하시게 됐나요?

아까 얘기 나온 책바에서도 게시판을 운영하고 있어요. 그래서 나도 해 봐야지 생각을 했던 코너였어요. 참여를 유도하고, 내면에 숨겨진 아티스티컬한 면모를 이끌어낼 수 있는 소통의 장을 꼭 만들고 싶었거든요. '아, 이걸 내가 좀 빨리 알았더라면, 혹은 주변에 있었더라면 덜 방황하고 일은 일대로 하면서 여가 시간에 여기 와서 내가 계속 생각했던 자기소개를 잘 할 수 있는 사람이 될 수 있지 않았을까' 하는 아쉬움이 좀 남아요. 그런 게 투영된 돼서 접근성 좋은 서면에 술을 파는, 넉넉한 공간으로 꾸민 거죠. 아직은 잘 안되고, 앞으로도 그럴 지도 모르겠지만, 직장인들이 좀 더 많이 와 줬으면 좋겠어요.

우리가 보통 책을 통해서 나를 만난다 이런 얘기를 많이 하는데, 대표님께서는 책만이 아닌 이 공간에서 다양한 나를 만나면 좋겠다라는 의미이신 것 같아요.

저는 일차적으로 책방을 차려야겠다 이게 아니라, 이런 '공간'을 만들어야겠다고 생각했습니다. 때로는 누군가의 아지트, 누군가의 도서관, 때로는 누군가의 술집. 각자의 욕구를 충족시켜 줄 수 있으면서, 그 모든 걸 아우르고 싶었어요.
일단 저부터 그런 공간에 있고 싶었기 때문에 나름 노력했습니다.
그렇지만 결국 해답을 준 건 네이버 지식인이 아니라 책이었습니다. 서점 준비부터 운영, 개인적인 가치관, 관계, 폭넓은 세상과 사람에 대한 이해에 있어서 역시나 책에서 많은 해답을 얻었습니다. 꼭 서점뿐만 아니라 다른 분야와 관련해서도 저는 책부터 들여다볼 생각입니다.

독서모임이나 영화모임 같은 것들을 다양하게 하고 계시는데, 그 성과나 효과들이 매출뿐만이 아니라, 대표님이 기대했던 어떤 부분들을 충족하고 있나요?

처음 얘기하는 건데요, 모임을 처음부터 이렇게 많이 할 생각은 없었습니다. 당장 저부터 이런 모임을 자주 접하며 살아오지 않았기에 아직도 모임을 주최할 때마다 '이렇게 하면 사람들이 많이 올까?', '사람들이 만족할까?'라는 질문을 스스로 계속하게 됩니다. 그렇지만 책방을 운영할수록 왜 다른 독립서점에서도 모임을 많이 하는지 알게 됐습니다. 단순히 책만 잔뜩 진열해놓고 '골라~ 골라~'가 아니라 공간의 중심에 '사람'을 두는 게 최고라는 것을요. 그렇게 해야 서점의 정체성 확립, 모객, 사람들과의 소통, 결과적으로 수익면에서까지 여러모로 도움이 됩니다. 그래서 저도 영화모임, 독립출판 제작모임 등 저부터 흥미를 가진 모임들을 시작으로 여러 가지를 사부작사부작 거리고 있습니다. 곧 정식 독서모임도 런칭할 예정이니 많은 기대 부탁드립니다.

이미 이 공간이 대표님의 공간을 넘어서서 모두의 공간이 되었네요. 그 부분에서 부담감은 없으신가요?

조금 죄송스러운 게 이런 문화 활동, 대안 문화, 페미니즘에 관심이 없었거든요. 저는 공간을 운영하는 책임자로 있는 건데 지역 잡지나 출판사 등에서 문화 활동이나 공연 문의를 해와요. 다 좋은데 애정이 많은 분이 여길 맡고 있다면 좀 더 그런 분들을 위해 도와드릴 수 있지 않을까 하는 아쉬움이 있어요.
그런데 서점을 운영하면서 좋은 점은 제가 편식을 안 하게 된 거예요. 독서도 그렇고 사람 만나는 것도 그렇고, 새로운 공간을 차리면서 제 스스로 마음을 열고, 다양한 분야의 다양한 분야의 사람들을 만나요. 그렇게 계속 자기소개를 잘할 수 있는 나름의 틀을 만드는 거죠.

대표님 나름의 책 선정 기준, 입고하시는 기준이 있으신가요?

공감과 성숙, 새로움을 줄 수 있는 책들입니다.
낯섦과 새로움만 보면 독립출판물이지만, 내공이나 깊이만 따지면 공감과 성숙을 주기에는 부족한 책들이 많습니다. 그래서 지금은 기성 물과 50:50으로 균형을 맞추고 있습니다.
원래 책을 안 읽는 분들, 독서 습관 형성이 안 되어 있는 분들, 참 재미를 못 느끼는 분들이 와서 한 페이지라도 읽을 수 있게 하는 책들, 독립 출판물도 그런 의도로 많이 놓죠.

카페와 술과 책방을 같이 하는 이유가 매출 적인 부분에 도움을 주기 위해서 하는 건데 운영하면서 힘드신 점도 많으실 것 같아요. 그때는 어떤 식으로 헤쳐 나가는지 궁금해요.

한 달이면 한 달 육 개월이면 육 개월, 길게 잡고 매출 추이를 보는데 아이러니 한 게 음료가 많이 남아요.
7, 8월에는 책 매출은 적었지만, 술 마진은 나쁘진 않았거든요.
근데 책방이란 인식이 퍼지면서 책 매출은 올랐는데 그만큼 음료 판매는 줄어들고 전체 마진도 줄었어요. 더 안 좋은 상황이 되면서 좋든 싫든 모임은 계속 해야했어요. 아까 모임의 장점 중 하나가 서점에 와서 책은 안 사도 음료는 1인 한 잔씩 먹거든요.

**부산에서 서점을 한다는 것은 굉장히 외롭고 힘든 일이지만,
지역 문화에 일조한다고 생각하시는 부분도 있으시겠지요?**

북:그러움을 운영하면서 좋든 싫든 지역 문화에 일조하고 있다고 생각합니다. 부산이 제2의 도시라 하지만 문화적으로는, 특히 독립서점만 놓고 봤을 때는 제주,

대구보다 양질의 면에서 뒤쳐지고 있는 게 현실입니다.

저는 전국에 독립서점들이 이렇게 많이 생길 줄 몰랐습니다. 저는 거창한 문화적 의식, 목표 등을 세우고 서점을 차린 게 아닌데, 결과적으로는 지역 문화에 긍정적인 영향을 끼치는 한 공간, 부분이 된 것 같습니다. 기분이 좋으면서도 묘합니다. 작고 누추한 공간이지만 이곳을 통해서 많은 서적, 출판사, 제작자, 독자들이 어울릴 수 있도록 앞으로도 열심히 하겠습니다.

긴 시간 좋은 이야기 감사합니다.
마지막으로 해주실 한 말씀만 해주신다면?

좋은 일 해주셔서 감사하고요. 책방에 좀 더 관심을 가져 주시고,
몰랐던 자기 취향을 발견하는 계기를 많이 만들어 가셨으면 좋겠습니다.

에필로그

내가 즐겁고 편해야
내가 서 있는 공간의 주인이 된다.

책방 **북:그러움**에 오면 누구나 그 공간의 주인이 되어 좀 더 깊이 나를 만날 수 있을 것 같다.

나는 어떤 꿈을 꾸는지, 어떤 것을 원하는지를 음악이 흐르는 책들 사이로 천천히 거닐면서 그 대답을 찾아보고 싶다.

책방 **북:그러움**이 아주 오래 버티면 좋겠다. 버티는 일은 자신을 다 거는 일이기에 소중하고 절실하다. 좀 더 힘내주시길 바란다.

INTERVIEW

서점

문우당

인터뷰하고 사진 찍고 글 쓰고 디자인한 사람
구명서 박진주 서영우 이지은 함태호

우리가 응원하고 싶은,

문우당서점

한가로운 날에는 작은 서점에 들른다. 눈길이 가는 책을 펼칠 때마다 종이와 활자의 냄새가 공중에 퍼진다. 책 냄새를 머금은 좁은 공간에서 커피 한 잔으로 온기를 유지하는 일. 내가 독립 서점을 좋아하고 자주 찾는 이유이다. 작은 서점들은 흥미로운 프로그램을 운영하여 사람들을 모으고, 다양하고 독창적인 출판물로 우리의 삶과 정서를 즐겁게 한다. 이런 역할 덕분인지 독립 서점의 수가 늘어나고 있지만 아쉽게도 그만큼의 속도로 사라지고 있는 것도 사실이다. 이유야 어찌 됐든 무언가를 오랫동안 유지하는 일은 쉽지 않다. 빠르게 달아나는 사회의 속도를 의식하지 않고 자신의 속도를 찾는 게 가능하긴 한 시대일까. 63년 이란 시간 동안 늘 우리 곁

조준형 대표

에 있었던 문우당은 그래서 의미가 더욱 깊다. 시선을 사로잡는 서점의 요소를 모두가 가질 필요는 없다. 자신만의 색과 가치가 분명하다면. 이것이 문우당을 지속하게 한 가장 큰 힘이 되었고 그곳에 조준형 대표가 있었다.

● **문을 닫게 된 위기의 문우당을 이어받으셨다고요.**

1955년 한국 전쟁 후, 책이라고 하면 무조건 잘 팔리는 시대였죠. 그렇게 시작한 문우당은 한 건물의 여섯 층을 사용할 만큼 호황을 누리기도 했고요. 하지만 인터넷 보급이 활성화되어 온라인서점이 생기고 과도한 할인 경쟁으로 서점은 엄청난 매출 감소를 겪게 되었습니다. 결국 2010년 말, 이용근 전 대표님은 서점의 문을 닫기로 하셨어요.

　문우당의 폐업이 결정되기 한 달 전 동보서적이 문을 닫았습니다. 한 달 반 사이 부산의 전통 있는 서점 세 곳 중 두 곳이 문을 닫는 일은 부산 시민들에게 매우 큰 충격이었어요. 부산만의 문화가 사라지는 아쉬움이 컸지요. 문우당의 경우 서점의 자산인 해양 서적과 다양한 지도를 차후 구매하려는 고객들의 목소리도 있었습니다.

2010년 12월, 저는 그 아쉬움을 무시하지 못하고 문우당을 이어나가기로 했습니다. 서점이 어려운 사업이긴 하지만 문우당만의 경쟁력, 해양 서적과 지도를 전문적으로 갖추면 성공하진 못해도 지속적인 운영이 가능하리라 판단되었지요.

● 해양 서적과 지도가 경쟁력이 될 수 있군요.

서점은 보통 위탁판매 시스템으로 책을 삽니다. 출판사와의 거래든 도매상과의 거래든 책을 가져오면 서점에 책을 진열해 놓고 파는 방식이에요. 책이 판매되는 만큼 정산하고 팔리지 않은 책은 반품할 수 있습니다. 하지만 저희는 반품하지 않을 목적으로 책을 가져옵니다. 해양도서 같은 경우 당장 팔리지 않더라도 갖춰 놓는 거죠. 다른 서점에는 없어도 문우당은 갖고 있다는 인식을 가질 수 있도록 지금도 노력 중입니다. 그런 노력을 알아주는 분들이 계세요. 지역에서 다양한 해양 서적과 지도를 갖추고 있다는 사실에 놀라워하시고요. 또 다른 경쟁력으로써 문우당 서점과 더불어 해광출판사를 운영하고 있는데요. 해광은 해양해사 관련 수험서를 만들어 판매하고 있어요. 이런 인식과 아이템들이 문우당의 가장 큰 자산이라고 생각합니다.

● 서점과 더불어 출판사도 운영하고 계셨군요. 그렇다면 해광출판사는 어떻게 시작되었나요.

서점원으로 있을 당시에도 문우당은 서점과 출판사 둘 다 운영하고 있었습니다. 해문출판사라는 이름으로 책을 만들었는데 문우당에서만 만날 수 있었어요. 그 부분이 항상 아쉬웠죠. 제게 권한이 있다면 우리 서점을 넘어 전국으로 유통해 판매를 늘려보겠다고 생각했었어요. 마침내 제가 대표가 되었을 때 그 생각을 실현해 보기로 했습니다. 해양해사 도서를 전문으로 만드는 출판사를 만들어보자. 문우당이 가진 노하우중 하나는 출판하려는 책의 수요와 수치를 가늠할 수 있다는 점입니다. 예를 들어 해양해사 도서의 몇 년의 데이터를 측정해 수요를 계산하고 손익 분기점을 예상합니다. 부수는 적게 찍어도 초판이 다 팔리면 서점 운영이 가능해요. 해양해사 도서의 요구도 꾸준한 편이고 서적 관련 저자들과도 네트워크도

해문출판사가 펴낸 책들

탄탄하니 책을 계속 내도 괜찮겠다는 판단이 들었지요. 그렇게 해광출판사를 만들었어요. 문우당 웹사이트에서 온라인으로 주문 가능해 전국에서 해광도서를 만날 수 있게 되었고요.

해광출판사에서 30권 정도의 책을 만들었는데요. 딱 한 권을 제외하곤 모두 부산에서 찍었습니다. 아시다시피 서울의 출판 인프라가 훨씬 좋아요. 비용은 20%나 더 저렴하고요. 그런데도 부산에서 출판한 이유는 단순합니다. 지역출판 생태계가 더욱 어려워지는 걸 막기 위해서예요. 부산에도 전문 인쇄소, 유능한 디자이너와 작가들이 있습니다. 부산 출판사들이 부산출판 인프라를 이용하지 않으면 그들의 입지는 더욱 좁아질 수밖에 없어요. 지역에서 출판하는 일은 그 지역 문화와 상생하는 일입니다. 하여 내년엔 부산문화 관련 책도 준비 중입니다.

● **부산 지역 관련된 책이 서점의 한 벽면을 채운 것도 그런 맥락이군요.**

네, 그렇죠. 책을 다루는 일은 하나의 예술입니다. 문화를 만들고 가꾸는 일이죠. 그렇다면 보통 사업가와는 생각과 행동이 달라야 합니다. 고민은 거기서부터 시작되죠. 서점만이 할 수 있는 특별한 역할 같은 것들요. 문우당은 부산 지역을 거점으로 하는 만큼 부산의 문화와 책을 홀대해서는 안 된다고 생각합니다. 부산 시민의 관심과 도움 덕분에 문우당은 63년이나 되었고요. 그 고마움을 전하고자 기꺼운 마음으로 부산 문화 역사와 관련된 혹은 부산 작가들

부산 관련 책들 코너

의 책을 진열하게 되었어요. 해양도서와 마찬가지로 부산 관련 서
적도 어느새 꽤 자리를 차지하네요.

　문우당은 저자 강연회, 아동인형극공연 등 책과 문화를 접목한
문화기획도 진행했어요. 문화 공연 기획도 일종에 사회 환원의 한
방법입니다. 사실 저희 입장에선 이런 기획을 안 하는 게 나아요.
돈이 들어가는 행사거든요. 문우당을 재방문하는 일도 드물죠. 그
러나 이런 프로그램이 책과 독자의 거리감을 좁힐 수 있다면 마땅

히 해야 한다고 생각합니다. 이런 일을 지역의 큰 서점이 나서서 해주면 좋겠죠. 하지만 안 한다고 마냥 기다릴 게 아니라 제가 먼저하면 됩니다.

● 서점에서 오래 일하셨잖아요. 기억에 남는 상황이나 손님이 있을 것 같아요.

문우당 서점원이었을 때에요. 책 도둑이 있었는데요. 훔친 책의 수가 자그마치 100여권이었어요. 나중에 알고 보니 저희와 잘 지내던 단골손님 중 한 분이더라고요. 워낙 자주 오셔서 사이가 좋았는데, 그렇게 신뢰를 만들어 놓고 저희가 방심한 틈을 타 한두 권씩 빼돌렸던 겁니다. 다른 서점에서 동일한 방법으로 책을 훔치다 결국 잡혔어요. 생각해보니 예전엔 책 도둑이 많았네요.

해광에서 출판한 수험서로 공부해 시험에 합격했다고 고마움을 표현하는 분들도 있었고 반면에 저희가 실수로 틀린 답 하나 때문에 시험에 떨어졌다고 소송하겠다고 항의 하시는 분도 계셨어요. 현재 문우당은 남포문고 옆 건물에 자리하고 있잖아요. 그래서인지 남포문고와 헷갈려 하시는 분도 많아요. 남포문고에서 책을 사곤 문우당에 전화해 책 교환을 요구하시는 분이 계시죠. 사람을 상대하는 일이다보니 다양한 사람들과 재미있는 상황이 많이 벌어지곤 합니다.

● 욕심이겠지만 문우당서점을 오래 볼 수 있으면 좋겠어요.

문우당은 올해로 63년째이고 제가 서점을 이어온 햇수는 8년입니
다. 많은 사람이 염려해요. 작아진 규모, 늘어나는 서점들 속에서
문우당을 운영하는 것이 힘들지 않느냐고요. 물론 많이 벌 수도 잘
쉴 수도 없어요. 매장을 계속 열어 두어야 하니까요. 작년엔 명절
포함해 겨우 8번 정도 쉬었네요.

그럼에도 불구하고 문우당의 명맥을 이어나가고 싶어요. 제 선에서 역사적인 곳을 문을 닫게 할 수 없다는 생각을 항상 합니다. 할 수 있는 건 다 해보는 거지요. 서점이 잘 안되니 출판을 더 열심히 해 서점을 운영해 나가는 방식으로요. 손해는 보지 않아요. 저희 가족 먹고 살 수는 있으니까요. 내가 많이 갖고, 손해를 덜 보는 식의 사고로는 이 일을 견디기 어렵습니다. 그래서 지역이든 문화든 사람이든 함께 하는 것에 더욱 초점을 맞춥니다. 앞으로도 그럴 거고요. 무엇보다 부산의 문화 역사를 지키는 작은 힘이 되고 싶습니다.

문우당은 여전히 어렵다. 손님 발길이 드문 추운 겨울날은 히터 한 번 맘껏 켜지 못할 만큼 어렵지만, 또 그만큼 넉넉하다. 도움이 필요한 곳엔 기꺼이 힘을 더하고, 매 해 보호시설에 기부하는 등의 사회에 환원할 일들을 솔선수범한다. 작은 도움이 누군가에게 실로 큰 힘이 된다고 말하는 조준형 대표. 아마 이런 '선한' 마음이 문우당을 지금까지 있게 했으리라. 당장 찾는 이가 없다고 책의 가치가 사라지는 것은 아니다. 언젠가 찾아올 주인을 기다리는 일 역시 책의 숙명이고, 서점이 해야 할 일이다. 그 일을 묵묵히 해내는 문우당을 우리는 응원하고 싶어진다. 오래된 서점의 여정은 그렇게 계속된다.

● 문우당 서점

영업시간: 오전 9시30분 ~ 오후 9시30분
대표전화: 051) 241-5555
팩스: 051) 245-1187
부산광역시 중구 구덕로 38
http://www.munbook.co.kr/

PROJECT

부산⁺
동네 책방

기획하고 취재하고 글 쓰고 디자인한 사람
손희정 안나령 임미화 최수연

발길 닿는 그 곳,
동네 책방
in
Busan

일러스트 깬밥이

동래구_책방숲
수-토 13:00~18:00 일-화 휴무
동래구 온천천로 431번길 25-1

연제구_카프카의 밤
13:00~20:00 월요일 휴무
연제구 고분로 191번길 20

연제구_책과 아이들
화-토 09:00~19:00 일-월 휴무
연제구 교대로 16번길 20

해운대구_책방 봄봄
화-토 10:00~20:30
일 10:00~18:30 월요일 휴무
해운대구 좌동로 9

금정구_아스트로북스
월요일 휴무
금정구 금강로 321번길 7

금정구_마들렌 책방
13:00~19:00 월요일 휴무
금정구 장전로 20번길 22

금정구_샵메이커즈
한달에 두 번 매주 월요일 휴무
금정구 부산대학로 64번길 120

기장군_ 커뮤널테이블
수-일 13:00~19:00 월-화 휴무
기장군 일광면 삼성2길 3

진구_북:그러움
13:00~22:00
진구 서전로 46번길 10-7

진구_책방 밭개
12:00~20:00 (일13:00~18:00)
진구 서전로 37번길 26

북구_메멘토모리
화-금 11:00~20:00
토-일 11:00~17:00 월요일 휴무
부산 북구 화명신도시로 71 2층

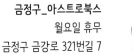

중구_낭독서점 시집
14:00~21:00
중구 책방골목길 8-1 1층

중구_ 산복도로 북살롱
월요일 휴무
중구 고가길 24-1

수영구_인디고서원
화-일 10:00~20:00 월요일 휴무
수영구 수영로 406번길 28

남구_오늘의 산책
13:00~19:00 화,수 휴무
남구 유엔평화로 47번길 107

※ 2018년 3월 기준

153

INTERVIEW

독서모임
두잇

인터뷰하고 사진 찍고 글 쓰고 디자인한 사람
손형선 이선화 장진실 정수진

책이 나를 찾아오는 곳
[두잇]

책을 매개로 하여 사람과 사람이 만나는 곳. 서로의 말에 귀를 기울이며 지친 마음을 보듬어주는 곳. 지난 10년간 부산 지역 주민들과 소통해온 독서 커뮤니티 '문화공간 두잇'이다. 2월의 첫날, 대연동의 한 카페에서 박정일 대표를 만났다. 그는 2시간이 넘는 시간 동안 진솔하고도 열정적으로 인터뷰에 응했다. 그가 들려준 책과 사람 그리고 독서 커뮤니티 세계를 만나보자.

두잇의 박정일 대표

Q. 두잇이라는 이름에서 긍정적인 기운이 느껴집니다. 문화공간의 이름을 두잇이라고 정한 이유가 있으신가요?

두잇은 인문학을 이야기하는 독서모임입니다. 인문학이라고 하면 다들 논어나 맹자같이 어려운 책들을 떠올리지만, 인문학은 일상 속의 대화들이라고 생각합니다. 두잇(Do it)은 '모두를 잇다' 그러니까 책에 머무르지 말고 소통을 하자는 뜻입니다. 말 그대로 책을 읽은 후 토론도 해보고, 책만 읽는 것을 넘어서서 조금씩 일상의 행동으로 옮겨보자는 취지로 만들어진 모임입니다. 일단 다양하게 시도해보자는 것이죠.

Q. 두잇에서 어떤 프로그램들을 운영하고 있는지 궁금합니다.

인문학 강좌, 글쓰기 강좌, 그림책 치유 프로그램, 지역 저자양성 프로젝트, 문학기행, 인문학 기행, 문집 발간 등 여러 가지가 있습니다. 글쓰기 강좌의 경우, 강좌라기보다는 스터디라고 보시면 되거든요. 각자의 스타일에 맞게 글을 쓰고 서로 어떻게 글을 써가야 할지 코치해주는 프로그램인 거예요. 글쓰기 모임에 참여하시다가 꾸준히 글을 많이 쓰셔서 책을 낸 분도 계세요. 그런 분이 계시기 때문에 부산 지역의 신규 작가를 발굴하기 위해 힘쓰고 있어요.

그리고 「지푸라기」라는 문집을 발간하고 있습니다. 지푸라기라도 잡고 싶다고 말하듯이, 그런 심정으로 순수하게 시민들이 작업하는, 평범한 사람들의 글을 담은 문집이에요. 저희는 에세이를 포함해서 시, 캘리그라피 등의 작품도 받거든요. 일반 시민이라면 누구나 작품을 다 받아드려요. 저는 페이지에 맞게 표지 등의 디자인 작업만 합니다.

이 문집을 통해 시민분들이 자신의 글을 주위에 보여주고 스스로 동기부여 하게 돼요. 그게 바로 「지푸라기」 문집을 만드는 이유예요. 작년 5월부터 시작했고요. 문집을 보내는 작업도 아날로그 감성을 담아 진행됩니다. 택배로 배달되지 않고 일반 우편으로 우체통에 넣어서 보내요. 못 받았다고 연락 주시면 다시 보내드리고요. 제가 한 번씩 손편지를 일일이 다 써서 보내드리기도 해요. 아직 발행부수가 적기 때문에 직접 출력하고, 자르고, 봉투에 넣기까지 수작업으로 만들고 있습니다. 컬러가 많거나 세련되지는 않아도, 저희 문집에 정성과 감성은 분명 담겨있거든요. 포장이 중요한 이 시대에 저희는 이로써 감동을 드리고 싶습니다.

Q. 치유 프로그램에 대해 구체적으로 알고 싶습니다.

책을 통한 치유인 거죠. 독서 모임을 통해 책을 읽고 나서, 단순히 "이 작가는 책을 잘 썼네."에서 끝나는 것이 아니라, 각각의 인물이 던지는 삶의 메시지들을 우리의 삶과 연결해

* 사진 출처 : 두잇 블로그 http://cafe.bookple.com/

서 한 번씩 더 이야기를 해주는 겁니다. 저희는 특히 그림책을 활용한 치유 모임 또한, 오래 진행해왔습니다.

 사실 사회적으로 고민 상담은 술이 들어가야만 가능하다고 생각하는 경우가 많습니다. 선배들과 술 마시면 기분도 좋아지고 많은 대화를 하는 것 같지만 사실 남는 건 별로 없어요. 그냥 괜찮다 하며 넘어가는 부분이 많은데 실제로는 괜찮지가 않거든요. 그래서 술을 마시지 않은 맨정신에도 고민을 상담하고 진지한 얘기도 할 수 있는 자리를 만들고 싶었습니다.

Q. 두잇 운영의 중심이라 할법한, 대표님만의 원칙이 있으신가요?

저의 첫 번째 원칙은 '되도록 다양한 사람들이 말을 할 수 있도록 하자'입니다. 제가 모임을 만들었던 10년 전만 하더라도, 모임에 와서 잘난 척을 하는 분들이 많았어요. 모임에서 한 분이 주도적으로 설명을 하시면, 다른 분들은 아! 하면서 들으시거든요. 그런 경우, 저는 다른 분도 얘기할 수 있게 분위기를 전환했죠. 그러면 그분이 화려한 말솜씨는 아닐지라도 자기 생각을 얘기하세요. 다른 분이 말씀하고 계신데도, "그건 아니야. 그게 아니고 이거야." 이렇게 끼어드는 분이 계셨거든요. 저는 그런 분들에게 그만하시라고 중재하는 역할을 했죠. 독서 모임에서 와서 말하고 싶은 분들은 많은데 듣지를 않으시더라고요. 저희 두잇에서는 타인의 말을 듣지 않고 자신의 얘기만 하시는 분들은 모임에 오지 못하게 했습니다. 경청이 먼저라고 생각했기 때문입니다. 경청이 먼저 이루어져야 자신의 깊은 얘기를 더 꺼낼 수 있거든요.

저의 두 번째 원칙은 '나이와 직업을 묻지 않기'입니다. 직업이나 나이를 알면 선입견이 생겨요. 만약 독서모임에 의사가 와서 말을 하면, 왠지 있어 보이고 더 맞는 말 같아요. 그런데 만약 일을 쉬고 계신 분이 얘기했는데 "음, 책 많이 읽고 좋겠네요." 사람들에게서 이 정도의 반응이 오면, 기가 죽어요. 책 한 권 읽고 소통하는 자리에서 굳이 내 직업, 내 나이가 중요하진 않잖아요. 나이를 밝히면 나이 많은 사람이 자기보다 어린 사람을 깎아내리는 경우도 생기고요. 어린 친구가 아는 것이 많으면 배우면 되는데 말입니다. 그래서 저는 나이와 직업 얘기를 아예 배제했습니다. 나이를 말하지 않고 토론해보면 서로의 의견에 반박할 때도 예의가 있어요.

저희 모임이 정말 순수한 독서모임으로 남을 수 있도록, 원칙을 강하게 지키고자 했습니다.

Q. 올해 두잇의 운영 계획을 듣고 싶습니다.

올해부터는 '문화공간 두잇'의 지속 가능한 운영을 위해 대부분의 프로그램을 유료화할 예정입니다. 이렇게 해서 얻은 이익의 일부는 프로그램을 기획한 시민에게 드릴 계획이에요. 또한, 곧 두잇을 법인으로 등록하여 다른 독서모임과의 캠페인 활동을 하거나 다양한 독서행사를 개최할 수 있도록 기업과 관공서를 적극적으로 공략할 생각입니다. '문화공간 두잇'의 가치를 더욱더 알리기 위해 직접 삶의 현장으로 가려 하는 거죠. 올해 안에 경상남도 하동군에 인문학 공간을 마련할 계획도 있습니다. 저는 놀이를 통한 소통을 추구하거든요. 대구 역사 투어 프로그램도 기획해본 적이 있고요. 지금까지의 경험을 기반으로 하여, 하동과 부산에서 놀이와 독서를 결합한 프로그램을 진행해보려 합니다.

Q. 두잇만의 색다른 활동 사례가 궁금합니다.

저희 두잇이 부산에서는 거의 최초로 휴먼 북, 휴먼 라이브러리 프로그램을 진행했습니다. 휴먼 북이란 성 소수자 및 장애인, 시민분들 누구나 와서 자기 이야기 할 수 있는 프로그램입니다. 힘겨운 삶을 살아온 분이 자신의 얘기를 타인에게 말함으로써 상처를 치유할 수도 있고요. 또 독서모임과 연계해서 모임의 누군가가 영화를 잘 안다면, 그 친구를 앞세워 영화 이야기를 나누며 소통하는 거죠. 저는 타이틀이 아니라 자리가 중요하다고 생각했어요. 그런데 휴먼 북을 진행하다 보니 아직 타이틀을 중요시하는 분들이 많으시더라고요. '최연소 영화평론가와 함께 만나는 영화'라고 하면 사람들은 가보자, 가보자 하실 거예요. 그런데 저는 그냥 '영화와 함께 하는 이야기 마당' 처럼 평범한 타이틀로 갔어요. 타이틀보다, 직접 와서 보면 내실이 더 중요하다는 말을 전하고 싶었던 거죠.

'나눔 커뮤니티'라는 이름으로 책 나눔 활동도 하고 있습니다. 평소에도 나눔에 관심이 많아서 언젠가 꼭 하겠다는 마음이 있었지만, 과연 무엇을 나눌 수 있을지 고민이 많았습니다. 그러다 독서모임을 운영하다 보니 책을 나누어 보면 어떨까 하는 생각이 들었어요. 저 혼자 모으기에는 한계가 있었던지라 블로그를 통해 나눔에 동참해주실 분들을 모집했습니다. 그런데 예상외로 반응이 좋아서 한 달 만에 아주 많은 책을 모을 수 있었습니다. 수집한 책들은 지역의 아동센터 등 책이 있어야 하는 기관에 기증했어요. 거의 10년 동안 매년 2천여 권의 책들을 전국의 오지마을 도서관, 아동복지시설, 장애인시설, 각종 단체 등에 보내고 있습니다. 동참해주는 전국의 블로거 분들이 있어 가능한 일이기도 합니다.

Q. 두잇이 부산에서 독서모임을 운영하며 추구하는 가치와 목표는 궁극적으로 무엇인가요?

문화의 불모지 같았던 부산에서 독서모임 자체를 정말 크게 키워도 봤고, 서울보다 앞선 프로그램들을 시도해보기도 했고, 그림책 치유 모임처럼 최초로 시도해 본 프로그램도 많았습니다. 독서모임으로서는 최초로 책과 함께할 수 있는 다양한 활동들을 많이 접목해봤죠. 두잇은 끊임없이 노력을 해왔어요. 그렇게 계속 새로운 도전을 하면서도 도전의 모든 중심은 책이었고 지금도 책이에요. 책을 중심에 두고 활동을 꾸준히 해나가고 싶어요.

 저희 두잇이 추구하는 가치는 바로 '책과 인문학을 통한 일상 속의 치유와 소통'입니다. 요즘 다들 너무나 힘들어요. 점점 성과 중심적이고 자기중심적인 사회로 변해가고 있거든요. 그러면서 이타적인 사람들이 갈 곳을 잃어가고 있는 거예요. 예를 들어, 회사에서 누군가 나를 공격할 때 내가 무너지지 않으려면 결국 내가 강해져야 하는 거죠. 우리는 자꾸만 '척'을 하면서 살게 된다는 겁니다. 잘 있는 척, 잘 먹는 척, 잘 놀러 다니는 척…. 이런 부분들이 다 SNS에 등장하잖아요. 마음은 병들어가고 있다는 증거거든요. 저희 두잇은 마음의 병을 책을 통해 치유해보자 생각한 거죠. 좀 더 나아가 꼭 책이 아니더라도, 인문학 프로그램들로 상처받은 마음을 치유 받는 시간을 가져보고자 했습니다.

 현재 전국의 독서모임 및 작은 책방들과 교류하는 프로그램도 기획하고 있습니다. 부산의 독서모임이 부산 내에서만 활동하기보다는 전국적으로 교류하여 부산 독서모임만의 목소리를 낼 수 있게 하고 싶습니다.

*

인터뷰 끝에 '문화공간 두잇'을 한마디로 정의 내려달라는 부탁을 듣고 박정일 대표는 '사람'이라고 대답했다. 그는 인터뷰 중 "사람에게서 받은 상처는 사람으로 치유해야 한다."고 말하기도 했다. 이처럼 그에게 무엇보다 우선시 되는 가치는 바로 사람이다. 대화 속에서 오가는 따뜻한 정이 없다면, 독서모임은 그저 탁상공론의 장에 불과하기 때문이다. 책은 단순히 지식을 담는 그릇이 아니다. 책을 통해 누군가와 연결되는 경험을 제공하는 것이야말로 독서모임이 진정으로 추구해야 할 가치가 아닐까.

* 문화공간 두잇 카페 cafe.naver.com/cafedoit 010-2927-4804

PROJECT

부산⁺
책모임

기획하고 취재하고 글 쓰고 디자인한 사람
권혁제 박소희 박준혁 옥지민 염수민 장수빈

부산
독서모임
톺아보기

---

1 모임을 만드신 계기나
목적이 있으신가요?

2 모임에서 선호하는
분야나 장르가 있나요?

3 멤버들이 뽑은 인상깊은
책을 소개해주세요.

공북

한 대학교 후배가 부산에서 서울까지 독서모임 하러 가는 것을 보고 '부산에도 매력적인 독서모임을 만들어보자'한 것이 계기가 되어 누구나 편안하게 즐기면서 배울 수 있는 독서모임 공북이 탄생하게 되었습니다. 3개월 기준으로 기수를 모집하며, 가장 큰 특징은 취준생과 직장인이 함께하여 멤버들끼리 자유롭게 멘토-멘티 관계를 형성하고 있다는 것입니다. 마지막 독서모임은 영화관람, 여행과 같이 특별한 활동을 진행하며 현재는 공북을 위한 전용 모임공간을 준비하고 있습니다.

공북은 독서모임을 마무리 할 때 다음 모임에 읽을 책을 투표해서 선정합니다. 만약 소설이 선정되었다면 그 다음은 비문학이나 다른 분야를 읽을 수 있도록 선정하기 때문에 다양한 분야를 골고루 읽고 있습니다.

가장 인상깊은 책은 김영하의 소설 〈살인자의 기억법〉 입니다. 그날의 독서모임은 책을 읽고 다함께 동명의 영화를 관람했습니다. 그리고 해당 소설이 알츠하이머에 관한 내용이었기 때문에 스페셜 게스트로 실제 치매 병동에서 일하고 있는 간호사를 모셔왔습니다. 무심코 넘어갔을 수 있을 부분에 치매환자의 특징을 설명해주셔서 책과 영화의 다양한 표현방법을 이해할 수 있었습니다. 게다가 몰랐던 의학적 지식까지 배울 수 있어서 더 인상 깊었습니다.

인스타그램 @kong_book | 카카오톡 T777

글헤는밤

글헤는밤은 온전히 책과 자신에게 집중하는 시간을 만들기 위한 묵독모임으로, 독서가 일상에 자연스러운 습관으로 여겨질 수 있기를 바랍니다. 글헤는밤에는 자기소개, 토론, 휴대전화 3가지가 없습니다. 모르는 사람들이 모여 각자 읽을 책을 소개하지만 그 속에서 자신을 드러내는 소개를 하지 않고 각자 독서를 하기 때문에 토론을 하지 않습니다. 조용히 책에 집중하기 위해 휴대전화는 전원을 끄거나 비행기 모드를 권장합니다.

다양한 참여자들이 원하는 책을 읽기 때문에 특정 분야나 장르가 정해져 있지 않습니다. 기본소설부터 건설 관련 잡지까지 광범위합니다.

글헤는밤은 각자 원하는 책을 읽는 시간이기 때문에 모두가 함께 같은 책을 읽은 경우가 없습니다. 자신에게 맞지 않는 책을 억지로 읽어야 하는 스트레스가 없기 때문에 개개인이 읽은 책이 그날의 가장 인상 깊은 책이라고 생각합니다.

두잇

개인적으로 힘든 시기를 겪고 있을 때, 아무리 많은 책을 읽어도 해소되지 않는 답답함이 있었습니다. 그런데 어떤 책 한 권을 읽고 '누군가 먼저 나를 도와주길 기다리지 말고 나처럼 힘들고 위태로운 사람들에게 책을 매개로 마음을 치유하도록 돕는 독서모임을 만들어보자'라는 생각이 들어 쉽고 재미있는 독서모임을 지향하는 '두잇'을 만들게 되었습니다. 서로의 직업과 나이를 묻지 않고 말할 기회를 동등하게 가지며, 책이 중심이 되는 두잇은 어느덧 10년이 되었습니다.

두잇에는 모임을 진행하고 조율하며, 책을 발굴하고 프로그램을 기획하는 퍼실리테이터가 독서모임별로 있습니다. 꾸준히 북 퍼실리테이터를 양성하고 정기적인 미팅을 통해 책 선정과 방향성을 정하고 있습니다. 책을 선정하는 방법은 주로 자체 가이드라인에 따라 주제별로 두잇 회원들이 추천한 도서와 퍼실리테이터가 정한 책들 중에서 고릅니다.

어른들을 위한 동화를 추천하고 싶습니다. 마음이 힘들거나 자존감이 떨어진 분들이 읽으면 좋은, 이철환 작가의 〈위로〉라는 책입니다. 한 마리의 나비가 타인을 통해 내면의 성장을 이루어가는 과정인데 누군가에게는 위로가 되어줄 수 있고, 또 다른 누군가에게는 따끔한 충고가 될 수도 있을 것입니다. 그리고 소설로는 로맹가리의 소설 〈자기앞의 생〉을 추천합니다. 소설 속 인물들의 삶을 대하는 태도를 엿볼 수 있고 우리의 삶을 돌아볼 계기가 될 수 있습니다.

cafe.naver.com/cafedoit | 카카오톡 문화공간두잇

부경나비

서울의 양재나비라는 독서모임으로부터 시작된 약 300여개의 나비 독서모임이 전국 곳곳에 있습니다. 부경대 근처에 나비모임이 없어서 만들게 되었으며, 부경나비 독서모임은 책을 통해 생각과 마음을 나누는 것을 목표로 하고 있습니다. 부경나비에서 '나비'는 나로부터 비롯되는 선한 영향력이라는 뜻이며, 우리는 책 속에서 한가지 실천할 것을 찾아 내 삶에 적용하여 나 자신이 먼저 변화하는 것을 지향합니다.

부경나비는 일주일에 한 번씩 모임을 가지며 한 달을 기준으로 1/3주는 지정도서를, 2/4주는 자유도서를 택합니다. 지정도서는 서울 양재나비에서 선정한 책 목록으로 진행하며, 모임에 참여하는 구성원이라면 누구나 지정도서 선정에 참여하여 책을 고를 수 있습니다. 자유도서는 만화책이나 시집 같은 다양한 장르의 책이 등장해서 의외의 즐거움과 유익함을 가져다줍니다.

많은 책을 읽었지만 뚜렷한 변화가 없거나 책 내용이 머릿속에 남지 않는 분들에게 박상배 작가님의 〈본깨적〉이라는 책을 추천합니다. 실제로 부경나비에서는 〈본깨적〉이라는 독서법으로 책을 읽고, 모임을 진행하고 있습니다.

북메트로 부산

북메트로부산은 부산지역 2030을 대상으로 한 독서모임입니다. 시즌제로 운영하며 매월 북톡(독서토론)과 액티비티를 함께합니다. 북메트로는 시즌제 북클럽과 함께 책읽는지하철 캠페인을 운영합니다. 슬로건은 '좋은 사람, 좋은 대화, 좋은 습관'이며 좋은 사람들이 모여, 좋은 대화를 나누고, 좋은 습관으로 자리잡게 돕습니다.

저희는 문학과 비문학을 번갈아 읽고, 후보도서 카테고리의 제한은 없습니다. 멤버는 읽어본 책 중 추천하고, 후보 도서 중 투표를 통해 다음 도서를 정합니다.

추천할 책은 〈이갈리아의 딸들〉로, 남녀가 바뀐 가상의 세계 '이갈리아'를 그린 소설입니다. 작가의 놀라운 상상력을 마음껏 즐길 수 있고, 우리 사회가 가진 여러 성차별적 요소를 깨닫게 됩니다. 독서모임을 한다면 서로의 이해의 폭을 넓히고, 다양한 시각을 공유할 수 있으리라 생각합니다.

bookmetro.kr

인디고잉

〈인디고잉〉은 2006년에 창간한 청소년들이 책을 읽고 직접 인문교양지를 기획하여 만드는 모임입니다. 행복한 책 읽기를 통해 건강한 사유를 키우는 청소년들이 더 넓은 사회와 세계 속에서 주체적인 목소리와 실천을 통해 변화를 도모하고자 만들어졌습니다. 〈인디고잉〉 잡지에는 청소년들이 갖추어야 할 도덕적 품성과 비판적 지성. 예술적 감성을 기를 수 있는 내용이 담겨 있습니다.

문학, 역사, 사회, 철학, 예술, 교육, 생태, 환경 분야를 중심으로 다양한 주제를 이야기합니다. 잘 보이지 않고 들리지 않는 목소리에 귀 기울이는 책을 발굴하고자 노력하고 있고, 인간다운 삶을 위해 필요한 주제라면 어떤 책이라도 읽고자 노력하고 있습니다.

2017년 한 해 동안 읽은 책 중 가장 좋은 책 10권을 선정하였습니다. 〈동급생〉-프레드 울만 / 〈먹는 인간〉-헨미 요 / 〈소현세자의 진짜 공부〉-설흔 / 〈1등에게 박수치는 게 왜 놀랄 일일까?〉-오찬호 / 〈대한민국의 시험〉-이현우 / 〈나다운 게 아름다운 거야〉-케이트T.파커 / 〈대한민국의 시험〉-이혜정 / 〈내 이름은 도도〉-선무위 / 〈식물 읽어주는 아빠〉-이태용 / 〈GMO:유전자 조작 식품은 안전할까?〉-김훈기

인디고잉은 청소년 대상 독서모임입니다.

blog.naver.com/going_mag

INTERVIEW

인쇄소
까치원색

인터뷰하고 사진 찍고 글 쓰고 디자인한 사람
손형선 이선화 장진실 정수진

성실, 약속, 완벽의 인쇄 [까치원색]

중앙동 40계단길을 따라 걷다 어느 모퉁이를 돌면 세월의 흔적이 묻어나는 골목이 나온다. 인쇄소 '까치원색'을 찾아 기웃거리니 한적한 골목의 분위기와는 다르게 커다란 기계가 요란스레 돌아간다. 활판으로 인쇄물을 뽑던 시절부터 디지털 인쇄까지 20년이 넘도록 한 자리를 지키는 동안, 인쇄 현장에서 바라 본 지역출판은 얼마나 달라졌을까? 까치원색 인쇄소 강을주 대표를 만나보았다.

인쇄물을 최종 확인 중인 강을주 대표

Q. 까치원색의 시작이 궁금해요.

1983년, 중앙동 인쇄소에서 직장생활을 시작했습니다. 지금 이 골목이 예전에는 인쇄소가 가득했습니다. 원래가 대청동, 저 미문화원 쪽이 인쇄골목이었는데, 이제 이쪽으로 내려왔습니다. 이제는 서면, 사상, 장림으로 분산이 되었습니다. 기획을 해서 주면 디자인을 해오고, 인쇄소에 오면 판 작업을 하는데, 원래는 그걸 배웠지요. 사진제판. 나는 사진제판기사고, 직장에 아는 동생이 하나 있었는데 그 동생이 인쇄기사 였습니다. 지금은 사진을 컴퓨터로 다 하지만 예전에는 도안 작업을 해주면 색깔을 몇 프로 몇 프로 깔아라, 지시를 해줍니다. 그러면 우리가 눈대중으로 보고 찾아서 필름을 만들고, 판에 구워서 빛을 줘가지고 제판을 합니다. 그렇게 시작을 한 거죠. 사각 판을 걸어서 약을 치고 주전자로 부으면 약이 전체적으로 발리는 것이었는데, 빛을 줘서 물로 씻어내면 그림이 그 자체로 다 나타났습니다. 그 모습이 너무 신기해 인쇄의 매력에 빠졌던 것 같습니다. 그때 인쇄업이 나에게 딱 맞는 직업이라 생각했습니다.

사진제판은 점점 사양산업 접어들고 해서, 동생이랑 1999년도에 기계를 사서 인쇄소를 시작 했습니다. 그 당시 사장님이 업을 접으면서 동그라미, 가위표를 종이에 적고 뽑기를 해서 직원들 중 넘겨줄 사람을 뽑았습니다. 그때 제가 동그라미표를 뽑았습니다.

그런 모든 과정들이 운명 같이 느껴지기도 합니다.

맨 처음엔 작은 기계 하나 사서 연안부두에서 한 3년 있었습니다. 그러다 기계 증설하고 사무실만 3개 정도를 분산해서 가지고 있으니, 집세만 해도 장난이 아니어서 요 건물을 사자, 그래서 건물을 샀습니다.

Q. 까치원색이라는 이름은 직접 지으신 거예요?

처음에는 '미래'라는 이름으로 사업을 시작했습니다. 후에 까치는 길조를 담은 새라 좋은 일만 생기길 바라는 마음으로 까치원색이라는 이름을 사용하게 되었습니다.

Q. 중앙동하면 인쇄골목이 유명하잖아요.
어떻게 해서 이 골목에 인쇄소가 다 모여들게 된 걸까요?

예전에 중앙동에 시청이 있다 보니, 시청의 인쇄물들 위주로 일하며 그렇게 형성이 되었던 것 같습니다. 또한, 인쇄 기계의 경우 우리도 그랬고 대부분 일본에서 수입을 해왔습니다. 중앙동 앞에 부두의 세관이 있으니까, 큰 기계를 들이기에 위치가 가까워 형성이 용이했던 것 같습니다.

Q. 20여 년간 변함없이 인쇄소를 이끌어 온 대표님만의 철학이 있다면 무엇일까요?

'성실'이라고 생각합니다. 출근 시간을 어떠한 일이 있어도 반드시 지키는 것에서부터 시작해, 다른 인쇄소에서 안 된다고 하는 일도 저희는 무조건 한다는 마음가짐으로 임했습니다. 그래서 거래처 사장님들도 다른 인쇄소에서는 하루 만에 안 된다고 한 거를 저희 인쇄소에 가져오면서는 까치원색에서는 해줄 것이라고 생각하고 오셨던 것 같습니다. 동생과 둘이 밤을 새는 일이 있더라도 약속한 작업은 반드시 일정에 맞춰서 해내주었기에 지금까지 이 일이 가능했던 것 같습니다.

또한 저는 시간만큼 질적인 측면도 중요하다고 생각합니다. 예전에 한 기업의 DM작업을 하던 중 앞면은 완벽하게 우리가 원하던 색상이 되었는데 뒷면의 금색부분이 연하게 나왔던 적이 있었습니다. 그 양이 인쇄소가 하루 종일 돌아간 양이었음에도 도저히 그렇게 물건을 내줄 수 없다고 생각했습니다. 직원들에게 일요일 특근비를 주겠다고 하고 일요일까지 근무를 해 결국 전부 새로 찍어냈습니다. 돈을 좀 손해 보더라도 제대로 하는 것이 옳다고 생각합니다. 잘못된 것은 제가 더 용납할 수 없습니다. 인쇄를 지휘하는 기장의 마음가짐이 똑바로 되지 않고, 건성으로 일을 처리하다보면 신뢰를 잃게 된다고 생각합니다.

Q. 예전이랑 비교했을 때, 까치원색 인쇄소를 찾는 부산의 출판물들의 변화는 무엇인가요?

컬러로의 변화입니다. 예전에는 흑백의 출판물들이 주류를 이루었지만 요즘은 흑백으로 제작되는 출판물들이 거의 없습니다.

가장 눈에 띄는 변화로는 판형이 더 자유로워진 것 입니다. 예전에는 A4면 A4, 16절이면 16절에 맞춰 제작을 했다면, 요즘 제작자들은 판형에 조금씩의 변형을 주어서라도 본인이 원하는 판형을 제작해서 책을 만드는 추세입니다. 책도 점점 제작자에 맞춰 다양한 판형으로 제작되고 있는 것입니다.

또한, 제작자들의 아이디어나, 글씨체에도 많은 변화가 있습니다. 책이 예전에 비해 색감이 다양해지면서 훨씬 보기 좋아진 측면도 있습니다.

Q. 인쇄소를 하는 입장에서 부산지역 출판, 인쇄의 미래는 어떻게 예상하시나요?

낙관적으로 보지는 못하고 있습니다. 부산은 현재 부산 시내의 출판물들로만 일을 하고 있는데, 미래에도 계속 성장하기 위해서는 대구처럼 위성도시의 물량까지 끌어와 일을 할 수 있어야 한다고 생각합니다. 전체적인 물량이 늘어야 발전할 수도 있다고 생각합니다.

미래의 부산 출판업이 지속적으로 성장하기 위해서 가장 원

초적으로는 전체 파이를 키워야 한다고 생각합니다. 내가 책한 권을 읽어야 책을 만들어 내는 여건이 발전한다는 생각으로 일단은 제작자들도 책을 많이 사고, 많이 읽는 환경이 되어야 한다고 생각합니다.

그런 측면에서 부산에서 출판을 준비하는 분들도 일단은 인쇄나 출판을 사랑했으면 좋겠습니다.

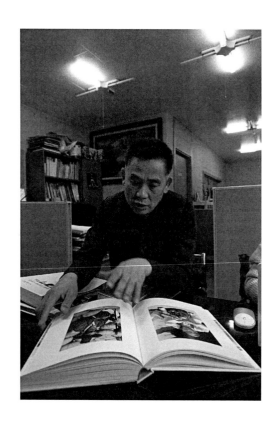

Q. 마지막으로, 대표님께 인쇄업이란 어떤 의미인가요?

인쇄업은 나에게 천직과도 같습니다. 로또 1등에 당첨 된다고 하더라도 저희 인쇄소의 설비를 증설하고 인쇄를 위한 투자를 하는 것에 더 돈을 쓸 것 같습니다. 그만큼 저 스스로가 이 직업을 사랑하고 있다고 생각합니다. 처음 인쇄업을 시작하고 첫 기계를 들여놓던 날의 그 행복은 겪어보지 않은 사람은 모를 것입니다. 세상 모든 걸 다 가진 기분을 그날 처음 알았던 것 같습니다. 그러니 제게 인쇄업은 저에게 가장 행복하고 즐거운 천직이라 생각합니다.

*

출판과 가장 가까운 현장인 인쇄소에서 느낀 지역출판계는 시간에 따라 많은
변화를 겪어오고 있었다. '우선 출판물을 사랑하라'는 강을주 대표님의 말씀
처럼 발전적인 지역출판물이 유지되고 성장하기 위해선 우선 독자들이 많은
출판물을 접하고 읽으며 사랑하는 것이 중요할 것이다. 쉼없이 돌아가는 뜨거
운 기계에서 갓 나와 온기를 내뿜던 인쇄물들처럼 지역출판물에 대한 관심도
식지 않고 그 온도를 유지해주길 바란다.

* 인쇄소 〈까치원색〉_http://kkachi.co.kr/webpage/ 부산 중구 대청로135번길 7-1 051-464-0514

PROJECT

미디어⁺
중쇄를 찍자!

기획하고 취재하고 글 쓰고 디자인한 사람
구명서 박진주 서영우 이지은 함태호

重版出来！
중쇄를찍자!

마츠다 나오코의 만화 <중판출래
(重版出来)>는 드라마로도 제작되
어 국내에 <중쇄를 찍자!>로 소개
되었습니다. 초보 편집인이 만화
출판사에서 중판을 위해 최선을 다
하는 모습을 보여주는 이 드라마는
책의 제작 과정도 상세하게 보여줍
니다. 그래서 드라마 속 만화 출판
의 과정을 정리해보았습니다.

만화 <중쇄를 찍자!>의 쿠로사와 코코로

기획 (企劃)은 '사람(人)이 멈추어(止) 첫 발(劃)을 내딛는 중요한 단계'입니다. 다섯 단계로 구성되며 순서는 절대적이지 않습니다.

아이디어
'마징가Z의 기지를 건설할 수 있을까?' 이 상상을 과학적으로 검토한 사람들이 있습니다. 일본 야후돔구장을 건설한 마에다 건설사의 직원들이 공학적으로 검토하여 〈마징가Z 지하기지를 건설하라〉라는 흥미로운 책을 출간했습니다. 이처럼 모든 아이디어는 훌륭한 출판물의 출발점입니다.

시놉시스
아이디어가 구체화된 짧은 줄거리입니다. 흥미롭게 시작하지만 구체적인 전개와 결말에 무리가 있을 수 있다는 인상을 주면, 트리트먼트(사건의 전개 요약)까지 작성해야 할 수도 있습니다.

캐릭터/배경 설정
만화라서 그림이 중요합니다. 완성된 주요 캐릭터와 배경설정이 기획단계에 필요합니다. 이를 통해 작화실력도 예측하기 때문입니다. 완성된 만화의 샘플 원고를 출판사가 요구하는 경우도 많습니다.

프로젝트 기획서
기획서는 차가운 이성으로 작성되어야 합니다. 시장조사를 통한 예상 판매부수, 캐릭터 상품화 가능성, 그리고 2차 콘텐츠(영화, 뮤지컬 등)에 대한 계획까지 냉정하게 반영 되어야 합니다.

출판계약
기획이 출판사에서 승인되면 본 계약이 진행됩니다. 출판계약의 표준계약서가 제공되고 있습니다. 특히 2004년 출시된 단행본 〈구름빵〉의 경우 애니메이션, 뮤지컬 등 2차 콘텐츠로 재생산되었으며, 8개국에 번역되어 4400억원의 부가가치를 창출했지만, 정작 원작자에게 돌아간 수입은 1850만원이었습니다. 이러한 문제를 보완하고자 창작자 보호를 위한 '저작권 양도, 이용허락 표준계약서'등이 만들어졌습니다.

만화출판은 **작화** 과정이 큰 비중을 차지합니다. 작화는 작가가 손으로 모든 것을 그려야 하는 과정입니다. 일정하게 물건을 생산하는 기계가 아닌 만큼, 일정 관리가 어렵고 그래서 중요합니다. <중쇄를 찍자!>에서도 작가 애인의 가출로 원고가 마감시한을 맞추지 못하는 극한상황에 놓이기도 합니다.

스토리/캐릭터/배경
스토리가 완성되면 작품 속 인물과 배경이 그려져야 합니다. 과거에는 모두 종이 위에 펜으로 작업을 하거나, 연필로 스케치하고 후속 작업을 컴퓨터로 하는 경우도 있습니다. 그리고 작화 도구와 소프트웨어의 발전으로 만화 <오디션>의 천계영 작가는 컴퓨터로 모든 작업을 합니다. 등장인물을 3D로 모델링한 후에 3D배경에 넣어 포즈를 취하게 하고, 촬영하는 방식으로 웹툰을 제작하고 있습니다.

콘티
화면 분할과 인물의 배치, 구도와 대사 등을 대략적으로 나타낸 만화의 설계도가 콘티입니다. 영화 감독만큼 작가의 영상 연출력이 발휘되어야 하는 과정입니다. 콘티를 보면서 편집인이 작가에게 의견을 내면서 작품의 완성도를 높일 수 있는 중요한 단계입니다.

밑그림/펜터치(채색)
콘티가 완료되면 밑그림을 그리고, 선을 정리하는 펜터치가 이루어집니다. 컬러로 책을 낸다면 스캔 후에 채색작업에 들어가게 됩니다. 그리고 책이 제본되기 전까지는 끊임없이 부족한 부분을 수정하게 됩니다.

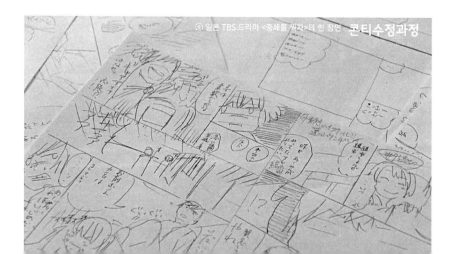
ⓒ 일본 TBS 드라마 <중쇄를 찍자>의 한 장면 **콘티수정과정**

식자과정 ⓒ 일본 TBS 드라마 <중쇄를 찍자>의 한 장면

작화 원고가 완성되어 가면 본격적으로 **제책** 과정을 시작합니다. 판형과 재질 및 인쇄부수 등은 기획 단계부터 편집부와 영업부가 작품성과 사업성을 공유한 상태에서 결정합니다.

페이지 구성
표지와 속표지, 서문과 캐릭터 소개 등은 편집인의 주도로 진행됩니다. 표지와 속표지는 작가가 별도로 작업하거나, 작품의 원화에서 가져와서 작업하기도 합니다.

교정 교열
교정과 교열은 처음 작가가 스토리 구상하는 단계부터 책이 인쇄되기 전까지 끊임없이 지속됩니다. 모든 원고가 데이터로 저장되기 때문에 수정이 용이하기 때문입니다.

식자
만화는 각 인물의 대사를 그림에 정해진 말풍선에 위치시켜야 합니다. 대사의 폰트 크기부터 폰트의 종류까지 세세하게 편집인의 손에 의해 정해지고 컴퓨터로 원고 파일 위에 입력합니다.

인쇄, 제본 및 랩핑
지금은 인쇄(press)에서 프린트(print)의 시대로 진화하고 있습니다. 인쇄는 인쇄판(인쇄필름)이 필요하지만 프린트는 종이에 바로 찍어내기에 필름 과정도 생략합니다. 몇 차례의 샘플 프린팅을 통해서 색감을 조정하게 됩니다. 이렇게 인쇄가 끝나면 제책의 최종과정을 거치고 독자의 손길을 기다립니다.

책의 제작이 끝나면 이제 본격적인 **마케팅**의 시작입니다. 사실 마케팅은 홍보만을 지칭하는 것이 아닙니다. 없던 시장을 개척해 나가는 것부터를 지칭하기에 기획이 곧 마케팅입니다. 몇 가지 사례와 〈중쇄를 찍자!〉이 마케팅 철학을 요약하고자 합니다.

제목부터 마케팅!

〈Whale Done!〉이라는 책이 있었습니다. 우리말로 직역하면 '고래가 해냈네!'입니다. 출판사는 고뇌 끝에 이 책을 〈You Excellent!〉, 즉 '너 훌륭해!'로 국내에 출간했습니다. 하지만, 각종 프로모션에도 책은 인기를 얻지 못합니다. 그러나 내용이 너무 훌륭한데 외면 받는 것이 아쉬웠던 출판사는 제목을 바꿔서 도전합니다. 그리고 그 책은 〈칭찬은 고래도 춤추게 한다〉가 되었습니다. 또 다른 사례도 있습니다. 〈플로토늄의 행방〉이라는 책은 소멸할 뻔 했지만 새로운 제목으로 출간되어 단숨에 베스트셀러가 됩니다. 바로 소설 〈무궁화 꽃이 피었습니다〉입니다. 이처럼 책은 제목부터 마음을 끄는 마력을 지닌 마케팅의 출발점이 될 수 있습니다.

기다림을 즐기자?

태국의 한 출판사는 일상에서 가끔씩 처하는 '기다려야 하는 상황'을 마케팅에 이용했습니다. 은행 창구에서 뽑는 번호표! 바로 그 대기표에 출간한 책의 한 구절을 인쇄했습니다. 줄을 서서 기다려야 하는 곳에는 바닥에 길게 책의 구절들을 볼 수 있도록 배려했습니다. 그리고 매출이 25% 증가했다고 합니다.

드라마셀러!

드라마 주인공이 읽는 책의 판매가 급증하자, 드라마셀러라는 신조어가 생겼습니다. '시크릿가든', '도깨비'의 김은숙 작가는 자신이 감명 깊게 읽은 애정하는 책을 자발적으로 드라마 속에 출연시킵니다. 단순한 배치가 아니라 중요한 설정으로 자연스럽게 등장하기에 그 위력은 대단합니다.

〈중쇄를찍자!〉의 마케팅 철학

재미있는 만화책이라고 꼭 팔리라는 보장은 없다. 직접 아이디어를 내며 열심히 뛰는 영업사원과 협조적인 담당 편집자. 작품을 사랑하고 지원하는 서점 직원! 이 셋이 손을 잡으면 작품은 크게 달라진다.(중쇄를 찍자! 영업부장 오카 에이지의 대사)

이상과 같이 <중쇄를 찍자!>가 보여주는 '책을 만드는 과정'의 요약입니다. 사실 이 과정만 안다고 책을 만들 수 있는 것은 아닙니다. '책을 만드는 과정'에서 생기는 '사건 사고'들을 어떻게 관리하느냐에 대한 경험이 더 중요하고 필요한 정보일 것입니다. <중쇄를 찍자!>는 한 권의 책을 만들고 판매하는 과정에서 생길 수 있는 다양한 어려움들을 초보 편집인 '쿠로사와 코코로'의 긍정 에너지로 유쾌하게 풀어가는 드라마입니다. 한 사람의 낙천적 열정이 '중쇄를 찍는 대박'을 이끌어낼 수 있는지 흥미롭게 보실 수 있을 것입니다. 그래서 이 드라마를 모든 초보 출판인들에게 무한 추천합니다!

사진설명
편집인 쿠로사와 코코로(쿠로키 하루)와 영업사원 코이즈미 준(사카구치 켄타로)가 함께 출판마케팅을 위해 협업하는 모습. 영업부 일을 부담스러워하는 영업사원과 무한긍정 에너지의 편집인 코코로의 모습이 대조적으로 그려집니다.

EPILOGUE

책 짓는 사람들
부산 출판 이야기

펴낸날	2018년 3월 31일 초판 1쇄 2018년 8월 31일 슬쩍 수정한 2쇄
지은이	지역출판 워크숍 B-LAB 2기 강수인 구명서 권혁제 김지홍 박소영 박소희 박영미 박준혁 박진주 박현영 서영우 손희정 안나령 염수민 옥지민 이선화 이유진 이지은 임미화 장수빈 장진실 정수진 최수연 함태호
책임편집장	권혁제 박소영 서영우 임미화 정수진
후반작업	권혁제 박준혁 박현영 서영우 안나령 옥지민 장진실
디자인	구명서 박현영 안나령 옥지민 이선화 이유진 함태호
일러스트	이유진
책임디자인	옥지민
표지디자인	구명서 안나령
디자인멘토	박정원
행정지원	서태건 정문섭 김동휘 이상훈 정재경 손미정
발행처	부산 콘텐츠코리아 랩 X 도서출판 빨간집

부산광역시 기장군 정관읍 모전로 41, 701동 809호
전화 070-7309-1947 팩스 051-792-6339
rhousebooks@gmail.com

Copyright © 빨간집, 2018
ISBN 979-11-959720-4-3
정가 8,000원

이 책은 부산콘텐츠코리아랩이 주최하는 지역출판 워크숍 B-LAB 프로그램을 통해 제작되었습니다.